翻轉學

翻轉學

CLEARER, CLOSER, BETTER

HOW SUCCESSFUL PEOPLE
SEE THE WORLD

決勝視角

紐約大學心理學家教你站在贏家角度，
既能善用盲點，也能精準決策，達標事半功倍

艾蜜莉·芭絲苔 Emily Balcetis／著 姚怡平／譯

獻給彼得（Pete）與馬提（Mattie），當然囉！

目錄

好評推薦　6
推薦序　先鎖定眼前，達成再超越　9
前言　一流的成功人士如何看待世界？　13
第1章　視覺會造成盲點，也是通往成功的工具　21
第2章　設定目標的難易度，決定成功的速度　45
第3章　計畫沒有模糊的空間，必須具體化　79
第4章　光靠紀錄，目標不再雜亂無章　113
第5章　善用盲點，改掉壞習慣　139

第6章　正確讀懂他人，更無往不利　169
第7章　誘惑太多，如何避免短視近利？　203
第8章　全盤皆拿，反而讓人生礙手礙腳　251
第9章　一心多用是事半功倍的錯覺　283
第10章　站在贏家視角，任何難關迎刃而解　309
謝詞　323
參考文獻　328

好評推薦

「做為產品經理，『掌握人心』還有『自補熱血』總是非常重要的能力，這本書兩項都顧及了，用新的角度與研究，讓我們更認識『人』和『行為』，甚至討論『可以怎麼操縱』，是產品人可以參考的一本書。」

——蔡伊芳 Evonne，商業思維學院產品長

「本書將幫助你配備一套『視覺策略』工具庫，創造邁向目標的全新路徑，克服眼前的重大挑戰！」

——余文彥，IR SPORTS 跑創運動創辦人

「艾蜜莉．芭絲苔的《決勝視角》既有趣又重要，本書教導大家在具象與抽象層次該怎麼看待這世界，活出快樂、有意義、健康、富足的人生。芭絲苔滿懷熱忱地投入創

作，內容富趣味，使讀者忘記在學習。讀者在閱讀的過程中，會發現商業、藝術、體育、時尚領域的菁英是怎麼看待世界，大幅提高自己成功的機會。好久沒讀到如此重要又引人入勝的作品。」

——《紐約時報》暢銷作家亞當．奧特（Adam Alter），著有《欲罷不能》（*Irresistible*）與《粉紅色牢房效應》（*Drunk Tank Pink*）

「《決勝視角》深刻分析人們會犯下何種錯誤，例如：誤解、看得不夠仔細、只看見自己想看見的，並根據事情的說法或立場做出反應，而不是就事論事。本書是很實用的指導方針，協助大家把事情做對。」

——《姿勢決定你是誰》（*Presence*）暢銷書作者艾美．柯蒂（Amy Cuddy）

「如果眼前的目標看似難以達成，本書提供全新的方式看待目標。艾蜜莉．芭絲苔是社會心理學領域崛起的新星，以切實的方法迎接挑戰，把科學見解應用在混亂的日常生活中。她在《決勝視角》一書中提出諸多明智又務實的建言，我已實際採納運用。」

——《快樂錢》（*Happy Money*）共同作者伊莉莎白．鄧恩（Elizabeth Dunn）

「抱負不凡，引起共鳴，時常發人深省。」

——《柯克斯書評》（*Kirkus Reviews*）

「艾蜜莉・芭絲苔具有洞見、魅力、深刻的智慧，以妙趣橫生的淺白文字傳達宏大的概念，寫出一本好到不能錯過的書。」

——《快樂為什麼不幸福？》（*Stumbling on Happiness*）作者
丹尼爾・吉伯特（Daniel Gilbert）博士

「準備好了沒？讀了這本書，看待眼前一切的視角就會產生變化。在洞察力與理解力方面，艾蜜莉・芭絲苔堪稱世界級專家，用語清楚易懂，研究引人注目，讓人大開眼界。」

——《紐約時報》暢銷作家亞當・格蘭特（Adam Grant），
著有《反叛，改變世界的力量》（*Originals*）和《給予》（*Give and Take*），
TED《WorkLife》Podcast 節目主持人

推薦序

先鎖定眼前，達成再超越

——李河泉，「跨世代溝通」千萬首席講師、
商周CEO學院課程王牌引導教練

人們天生就有獨特的視野和觀點，但是這個觀點也可能是盲點。我們所看到的許多事物，其實絕大部分都是看到片段，之所以能夠描繪出整個內容，主要在於透過心智以填補不足的空缺。想要越快地看到事物的全貌，就要擁有相對強大的心智。要訓練出強大心智，關鍵就在於每一天的思考和解題，還有最重要的一點，就是作者貫穿全書不斷提到的「集中焦點，全力以赴」。

大家不妨思考一下，高空極限跳傘員、奧運女子馬拉松冠軍、世界頂級短跑名將，這些人有哪些共通點？答案是，他們有著致勝的習慣，就是在全力奮戰的過程中，以縮小的視野聚焦在可見的目標上，先達成小目標，再完成大目標，先聚焦某一點，達成後

再超越。

作者提到全世界第一位女性奧運馬拉松冠軍薩謬森（Samuelson），起跑的時候不見得最快，但是在跑步的過程中不斷掃視前方的跑者，鎖定其中一位為目標，先追上對方，再找出下一位跑者超越對方。

大多數的人擅長找藉口，如果給一個遙遠的距離，許多人都會告訴自己慢慢來、不用急。然而把握一個個可望也可及的小目標，讓人們快速達標並增加信心，就會願意繼續奮戰，既可以激勵人心又不至於壓垮人性。

由於作者本身是紐約大學的心理學家，也提出許多實證的數據與研究結果。例如：將受試者分成兩組，一組在跑步時和平常一樣，可以環顧四周環境，另一組必須集中注意力，想像自己緊盯終點線，結果如何？答案是：

1. 集中注意力的組別，速度快了二三％。
2. 視線環顧四周的組別，費力的程度提高一七％。

這也證實了「集中焦點」的重要性。

綜觀本書，可以說是白話版的「目標管理」，作者用相當多的案例及淺顯易懂的說法，來強調如何達成目標。

我常常接受企業邀請講授課程，主管總是不斷地跟我說：「老師，究竟要怎麼樣才能讓同仁願意達成公司交代的目標？」

我在課程中常常強調兩點：

1. 要讓同仁覺得公司給的目標是做得到的。
2. 要讓同仁心甘情願的執行目標。

第二點的心甘情願，必須由主管先觀察出同仁特質，如果把同仁比喻為智慧型手機，主管第一個動作不是直接操作手機，而是找出密碼解開手機螢幕。而第一點提及「讓同仁覺得目標是可以做到的」，其中的解決方式就在本書裡，不妨認真看看作者強調聚焦的重要，拆分目標，當同仁完成階段性的簡單目標，就會很自然地覺得將來的挑戰不再困難。

前言
一流的成功人士如何看待世界？

某年春天，在一個清冷晴朗的週六早晨，我獨自坐在德國柏林米特區（Mitte）的某間餐酒館吃早午餐，用不甚熟練的德文閱讀菜單。我一邊嚼著紅蘿蔔甜菜根口味的司康，一邊啜飲著卡布奇諾，度過早晨時光。美國人認為獨自用餐意味著不善社交，《紐約時報》甚至曾報導過人不該單獨用餐，儘管如此，我卻很享受這段美好時光。

我翻閱著《紐約》雜誌，看到一篇文章在講顏料，乍看標題感覺像是風乾的顏料不吸引人，但仔細閱讀文章內容，倒是引人入勝。文章重點在敘述黑色。我住在紐約市將近十年，很清楚紐約人有多愛穿著黑色衣物，原因是黑色可以與未遮掩且缺乏日照的肌膚形成鮮明對比，也可掩飾人們外出在路上沾染的灰塵。而作者最感興趣的，是一種特別的黑色顏料，不過，實際上那不太算是顏料。

倫敦科學博物館展廳「天線」（Antenna）展示著ＢＢＣ名人馬蒂．喬普森（Marty

Jopson）的半身銅像，高度約十五公分，模樣與本人神似，尤其是酒窩反射出的光線、粗濃的眉毛與八字鬍。

喬普森是道具設計師、發明家和數學愛好者，經常在電視上展現對科學的鑽研。在他主持的節目中，曾經做過多項實驗，像是歌劇歌手能不能唱出一個有力的音，把水晶製的葡萄酒杯震碎，結果歌劇歌手做到了。他也好奇吐司從高處落下時，是否都是抹了奶油的那一面朝下，於是他在英格蘭阿什福德市巴特賽路（Butterside Road，意譯是奶油面路），藉居民的幫助進行實驗，結果證明，大多數都是抹了奶油的那一面朝下。

雖然喬普森半身像是不常見的主題，但是整體來說並無特別之處。但這尊半身像的旁邊，擺了另一尊幾乎一模一樣的半身像，兩尊塑像並列在一起觀賞，第二個半身像似乎只有剪影，彷彿有人依照喬普森腦袋的形狀與大小，拿著手術刀切出個洞，看不見酒窩、鬍鬚，塑像沒有陰影、沒有輪廓。但觸摸那尊半身像，可以感受到塑像臉部的觸感、額頭的皺紋、下巴的鬍鬚。然而，在觀者的眼裡，細節彷彿進入黑洞般，看起來全都消失在空間裡。

兩尊半身像都是銅製，不過第二尊半身像的外層鍍上特殊的材質——奈米碳管黑體（Vantablack，中文譯為梵塔黑），是目前發現最黑的黑色。

其實，梵塔黑不是顏料，而是科學家為了遮蓋金屬的色澤，在金屬表面上研發出的物質。由超薄奈米碳管密集組合而成，近似F1賽車和法拉利車身採用的材料，幾乎毫無質量。顏色之所以深暗，是因為投射的光線有九九．九六五％都被吸收，而黑色的瀝青只吸收了八八％的光線，可以得知梵塔黑顏色的深暗。人能看見事物、辨別色彩，靠得是光投射在物體且反射回的光線，若光線全數被吸收，就看不太到東西。

梵塔黑向來用於塗覆匿蹤戰機的外層與望遠鏡的內層。在我讀到這篇文章的幾個月前，柏林太空技術（Berlin Space Technologies）的科學家，已證實把梵塔黑應用在某個即將發射外太空的微型衛星。

前陣子，英國藝術家安尼詩．卡普爾爵士（Sir Anish Kapoor）獲得獨家授權，可在他的作品中使用梵塔黑，科學博物館陳列的半身像即是其一。卡普爾說：「梵塔黑比你想像中的任何事物都還要黑，幾乎看不見。想像一個空間，黑到一走進去就感知不到你置身的地方、你的存在，還會失去時間感。」

他沒有誇大其詞，當我們看著鍍上梵塔黑的半身像，人的肉眼無法感知到維度，我們肉眼所見的半身像，不是真正存在於那裡的東西。大腦運用著感知的假象騙過肉眼。

卡普爾認為，不顯眼的塑像之所以能成為富有藝術性的創新作品，關鍵就在於現實與感知之間的落差。肉眼看見的畫面，與實際物品的面貌有落差，甚至是有別於實際物品。

本書的重點就在於「落差」。

我們以為自己看見的世界就是實際的樣貌，以為看向鏡中的自己時，看見的臉孔和別人看見的相同，也以為自己俯視的街景，與實際在旅程中路過的人事物相同，在掃視盤中食物時，確信看見的食物就是吃下肚的食物。

然而，前述所舉的例子不完全是正確的。**人的視覺經驗往往有誤導的作用，肉眼建構出不完整的形象，透過心智，填補形象的空缺**。

回到塑像，就算半身像沒有塗上梵塔黑，人還是會用肉眼看到的景象去填補大腦認知的空缺。有趣的是，這種現象很有可能在我們不知不覺時發生，無論是在日常生活，或是做出人生重大決定時，都有可能發生。

我和同事根據此一現象進行研究，結果顯示：**肉眼看見的世界並不是完整、準確或全面的**。**只要深入學習人類的肉眼與大腦如何共同運作，就能掌握感知經驗，以特定角度看待世界，進而克服眼前面臨的重大挑戰，努力達成重要目標**。我認為只要知道此現象發生的時機和原因，就可以運用前述事實，達到目標。

我身為紐約大學社會心理學家與科學家，從事感知與動機的研究已逾十五年。這次我與多位成就斐然的學者合作，組成人才濟濟的團隊，共同進行調查，並分析我們設計的實驗資料，加以審視全球各地研究的最新報告，了解人們以何種方式最快能達到目標、一路上會有哪些阻礙因素。

人們在實踐目標的路上，不免面臨重重困難與挑戰。就連我自己在做研究的過程中也碰過這些問題，好比擁有醫學背景的醫生也不能免於感冒。擁有動機心理學博士學位的專家，不代表在邁向目標的路上能夠一帆風順。

我對追求目標的路上會碰到的問題，做了萬全的準備，並握有科學資料，懂得哪些辦法可以解決問題。我找出應對策略，克服成功之路上會遇到的挑戰。不只為了我自己，也為了參與研究的成千上萬人，我研究出哪些方法有用、哪些方法沒用。

有趣的是，成功的創業者、運動員、藝術家、名人採用的方法，跟我們的研究結果一致。為克服重大阻礙，傑出人士採取的做法，有大量科學資料可以強調成效。**我也發現，傑出人士的習慣、練習可分成四大策略**，而且應用廣泛。

只要懂得何時該**縮小注意焦點**，就能更有效運動、更快存到更多退休金、在一天中騰出更多時間去做自己真正想做的事，後續內容會解釋其中的原因。只要懂得把目標、步驟或努力的方向**具體化**，就能有效改善追蹤自身的進度。只要意識到**景框**的力量，就更能體察他人情緒，協商出更好的交易，還能改善自己與他人的關係，更能克服公開演說的恐懼感。運用**廣角鏡頭**的技巧，誘惑的事物就沒那麼有魅力，讓人不容易一心多用，甚至在必須改變策略的情況下，即使很想繼續照舊，廣角鏡頭都能幫你看見大局。

可以把四大策略想成是工具箱裡的四種工具，就有如鐵鎚、螺絲起子、扳手、鉗子，這些工具雖然基本，但在每一項工作中都適用，因此當我們在追求自我提升的目標時，可從工具箱中選用四大策略。

有時，目標需要同時運用多種策略來協助，如同居家維修可能需要用到多種工具。有時，我們立志要做的事，只需要一項計畫就能完成，有時則否，因此具備多種策略以完成工作，可說是好處多多，好比工具箱裝滿了工具，碰到不適合用螺絲起子的時候，可以立刻改用鉗子。

這**四大策略的共通點**，**都是在利用觀點的力量**。若能換到**不同的觀點**，那麼許多看似與視覺無關的事情，就更有機會因觀點的轉換而成功。前陣子，我立志學會用鼓打出某一首歌（稍後會說明我為什麼想這麼做）。我發現，只要用了自己在研究中歸納出的策略，不論在學鼓的過程中碰到困難，或是碰到沒料到的難處，仍然會不屈不撓。

我與你分享我如何運用這些概念，希望你也能以全新、有創意又更好的方式去看待世界，以及你想達到的成就。我研究四大策略的內容、理由、時機和方法，從中學到人們可以教自己站在不同角度看待人生的真實樣貌。我們可以掌控自己的感知、引導自己的觀點，藉此提升好運、避開厄運。若懂得善用視覺經驗，或許每天可以看見自己邁向更快樂、更健康、更有生產力的人生。

希望你讀完本書後，得以想像出幾條邁向目標的全新途徑，以及不同於以往的角度。本書雖然講述如何贏得金牌或賺取更多的錢，但內容不止於此。若能具備更敏銳的見解，同時運用感知經驗，就能更深入認識自己的人生目標，知道自己目前走了多遠，還有多遠的路要走，又能如何更快抵達目的地。此外，對於別人如何看待世界，怎麼看到你看不見的事物，你也會更懂得應對，並理解對你追求成功的方法有何種影響。一旦了解到視角是在怎麼樣的情況下產生偏見，就能學著利用偏見讓自己從中獲益，也學習在必要時與之對抗。

觀看世界的方法，沒有正確解答，也不只有一種答案，本書對這點表示尊重。撰寫這本書，是希望能提供一些建言，建立一個可隨時取用的資料庫，讓你在面對挑戰時，可以改善策略。

我會提出一套強大且還未完全開發的感知手法，可以用來重新形塑或堅持你對自己、他人和所處環境的觀點，幫你看見還沒看見的可能性。我會引用社會心理學與視覺感知等多種領域的研究結果，無論是我的著作還是我引用的著作，都涉及到人類視覺系統與神經生物科學，這是眼睛與大腦的跨部門合作。只要具備對人類如何感知周遭世界的基礎科學知識，就會使邁向目標的途徑變得更明確、更靠近成功，過程也會帶來正向的感受。

第1章

視覺會造成盲點，也是通往成功的工具

某年夏天，我的研究團隊訪問了一千四百多位男女，分別來自十六個國家。詢問他們最不想失去的五感是哪一種，失去了它，生活最不方便？十人有七人回答失去視覺最慘。無論受訪者的國籍、年齡和性別，絕大多數的受訪者都認為，失去視力就無法生活。不過，實際上還是可以生活。

為了讓你對視力學的原理有基本的認識，在此先說明人類的視覺。我們之所以感受到視覺，是因為眼睛與大腦之間相互連結。雖然人是用肉眼看事物，但是能感覺到太陽的明亮、留意到天空的色澤，其實是大腦把感覺轉譯後，才感受到自己看見的事物。

例如：亞麻仁油、礦物鹽、鬃毛刷、麻布和木頭，透過法國印象派畫家莫內（Claude Monet），以適當的比例將這些物品結合，使我們看見《睡蓮》（*Les Nymphéas*）這幅畫。

哈佛醫學院腦神經學家巴斯蓋雷歐內（Alvaro Pascual-Leone），以人腦失去視力後的研究聞名。他發現位於後腦杓的視覺皮質，負責解譯眼睛傳送的信號，在眼睛運作方式有所改變時，會快速更換模式。視力正常的受試者戴上高科技眼罩不用視力度過五天的生活，[1]這種眼罩與旅行包裡的眼罩不同，內襯有感光紙，暴露在光線下就會有反應，讓研究人員知道受試者戴上眼罩後，是否真的看不見光線。

蒙眼實驗的五天期間，受試者會學到點字基礎，比如：字母是由凸點組成，凸點會出現在左右兩行與上中下三列等不同位置上。字母A會在左上角有一個凸點，而B跟A很類似，第二行的左側多出一個凸點。

在蒙眼的五天內，受試者要訓練自己用食指感受到每個字母凸點位置的差異，以及出現多少個凸點。五天結束後，受試者雖然不能用指尖讀莎士比亞的著作，卻能用觸覺讀出基本字母。

研究人員每天都會請受試者躺進功能性磁振造影（functional Magnetic Resonance Imaging, fMRI）機器，拍攝受試者在觸摸點字時的大腦情況。

第一天，受試者大腦中負責掌管觸覺和感覺的體感覺皮質相當活躍，而視覺皮質在感覺點字的字母時毫無反應。在不用視力五天後，模式卻顛倒，受試者在感覺點字的字母時，體感覺皮質的反應變少，反而是視覺皮質的反應變多。

換句話說，大腦裡一直以來都負責掌管實際視覺的視覺皮質，留意到受試者手指在做的工作，不用一週的時間，就能做出調整改變。這項實驗也反映出盲人精通點字的大腦狀況。可以說，大腦裡的視覺中心留意到手指正在「看」。

巴斯蓋雷歐內透過蒙上受試者的眼睛，以改造感知的過程，受試者的大腦還是想要看世界，只是無法透過眼睛來看。

他換一種實驗方式，以藝術家為受試者。如果沒有筆刷，或是筆刷壞了，藝術家會找出新方法畫上顏料。傑克森．波洛克（Jackson Pollock）將顏料放進鐵罐裡，透過滴流作畫，葛哈．李希特（Gerhard Richter）製作刮板，把顏料刮上畫布。

巴斯蓋雷歐內剝奪受試者的視覺，受試者反而發現新的視物方法。

巴斯蓋雷歐內透過這些受試者的經驗，發現到人的視力具有驚人的適應力，這些案例展現出神經的可塑作用，而適應的技巧正是視覺皮質在大腦學領域相當聞名的緣故。不過，視覺除了有變色龍般的特質外，還有其他值得重視的優點。如果自己所處的地方十分黑暗、空氣清澈、毫無薄霧，這時只憑肉眼，能看到四十八公里外閃爍搖曳的燭光，望向夜空也能輕鬆看見四百零二公里高空的國際太空站，假如知道正確的方位，甚至看得到約十六億公里外的土星。

人眼傳輸資料的速度很快，速率每秒八．七五ＭＢ，是美國網路連線平均速度的三倍左右，人看清眼前事物的速度，可說是比音速還快。雖然鹽與糖的滋味截然不同，[2]但是大腦分清楚味道差異所花的時間，相較於區分出喜歡或討厭的人的臉孔，[3]耗費了兩倍之多的時間。科學家也證實人只要七十六分之一秒，就能認出朋友的臉、夢想中的汽車，或婚禮捧花的玫瑰。

用肉眼看到的畫面，感覺很真實、準確又可靠，逼真到驚人。一八九六年，人們看見史上第一個移動的影像，法國迷在巴黎電影院觀看一部短片，名為《火車進站》（*L'Arrivée d'un train en gare de La Ciotat*）。這部五十秒的黑白電影，內容是一輛火車駛進海岸的車站，朝觀眾直直衝過來。雖然這部電影是默片，但是根據傳聞，蒸汽火車飛馳過來的影像，把觀眾嚇得從椅子上跳起來。

我們偏袒自身的視覺經驗，也直覺地相信它，對視覺經驗的重視度往往超過其他事物。我們認定自己肉眼看到的畫面，可以準確又完整呈現出周遭世界。然而，實際情況不一定如此。

以圖表1-1的動物線條畫來舉例。給自己一秒鐘的時間看一眼，不要超過一秒。這張圖是什麼？你對這張圖的第一印象是什麼？

大部分的人會看到馬頭或驢頭，[4]我也

圖表 1-1　你對這張圖的第一印象是什麼？

是。不過，再看一次吧！這次看久一點。當你看了第二眼，或換個角度看，可能會看到完全不同的圖像，也許就能看出海豹。也有可能你的第一眼看到海豹，當我提到馬頭，再回頭看看文章是不是打錯字。

我把這張圖像拿給數以百計的人看。最近，我在紐約市魯賓美術館（Rubin Museum of Art）舉辦一場主題為「矇騙的科學與藝術」的演講，我以這幅圖像開啟演講，並將圖像投影在螢幕上，一秒後問聽眾：「誰看到了牧場的動物？」我請聽眾舉手投票，約八〇%的人舉手。同時，剩餘二〇%的人開始竊竊私語，場內聲音變得吵雜。有一位坐在前方、年紀較大的女性，用力壓緊臉上戴的復古眼鏡，說：「她到底在說什麼？」

聽眾鼓譟不安。看見馬的人望向看見海豹的人，後者發誓說圖中沒有馬，但多數人看見馬，因此看見海豹的人認為我肯定是設下了圈套，那些看見馬的聽眾是演出來的，我們一定在騙人。人人都確信著自己，認為那張圖明顯描繪出自己第一眼看到的動物。

人們盲目相信自身的視覺經驗，容不下其他來源的資訊或啟示。有時，我們對自身視覺的仰賴與信任，可能會引領我們誤入歧途（例如：美術館裡的聽眾，或不習慣在銀幕上看到火車的巴黎觀眾），但是視覺感知的力量十分強大。

有鑑於前述因素，我們在努力邁向目標時、在對抗自己的戰役中，眼睛成了重要的盟友。我們嘗試專心時，會有心理障礙，也會有難關拖慢進度，還會有現實的限制成為負擔，而要克服障礙、難關和限制，眼睛扮演著重要角色。

當我們對自己說：「我做不到這件事。」或許說不定是我們誤以為那件事的挑戰性比實際上還要更高。當我們說：「眼前的困難是克服不了的。」我們不一定要那樣看，也許同一件事在別人眼裡並不是這樣。好比我在美術館的演講，聽眾席那位女性，最後發現那張圖是馬也是海豹。**我們只要懂得掌控感知，就能學會以不同角度去看世界**。眼睛是塑造經驗的絕佳工具，透過眼睛，就能看見一條嶄新的途徑，帶著你前行。

立下屬於自己的目標

高中時期，我在樂團負責吹薩克斯風，曲風有龐克（punk）、斯卡（ska）和放克（funk）。我和團員經常一起兜風，打開音響、調高音量，聆聽有管樂器的樂團，或有薩克斯風、小號、長號獨奏的歌曲。

想想芝加哥碰到九〇年代晚期熱門歌曲的情況。我們聽到廣播提到，我們最愛的洛杉磯樂團會出席附近的音樂節，當天立刻買好票。幾週後，我們才知道金手指（Goldfinger）樂團不會表演管樂，買票的錢好像浪費了。我們堅決認為金手指樂團一定要有薩克斯風、小號和長號的表演才行，少了管樂團，聽起來就不一樣了，這個信念很強烈，於是我們團的小號手認為，應該要將想法傳達給樂團才對。

在家長資助的地下練習室裡，我們坐在懶骨頭沙發，一起擬了封電子郵件。信中表明，音樂節的表演不夠完整，我們非常失望，並向樂團提議讓我們演奏。我們熟知〈一日國王〉（*King for a Day*）的樂句，還曾為〈在你的臥室〉（*Here in Your Bedroom*）編曲，他們會想讓我們一起上台演奏嗎？

金手指的主唱約翰．費德曼（John Feldmann）回了電子郵件給我們：「好啊！」我們興高采烈，在練習室加倍努力練習，挑選適合的服裝（事後看來，舞台服是整個故事中最糟糕的決定），印出費德曼寄來的電子郵件，帶著我們的管樂器，出發前往音樂節。

我們一整天握著點陣式印表機印出的電子郵件，信件內容因為手汗弄髒了，保全懷疑信件的真實性，我們跟保全說明了好一段時間才獲准進入後台，終於在費德曼的拖車見到他。他手臂上的刺青，比我所有朋友加起來的刺青還要多。

那一刻在我的人生中有多重要，我們的對話就有多乏味。他問我們學校生活怎麼樣、我們年紀多大、玩音樂多久，而且他只請我們喝水。我們看很多VH1頻道的《音樂幕後》（*Behind the Music*），但實際遇到這樣的待客之道，卻還是忍不住失望。他彈著不插電吉他，我們跟著他一起排練樂句。到了上場時間，原本彬彬有禮的他，頓時性情一變，說話總要帶上不能在書中寫出的字眼。

不過，就在費德曼科學怪人似的轉變出現前，他對我們三個人提出建議：「如果你們沒有可以演奏的，就唱歌吧！因為我們不會唱歌。」一說完，我們便登台演出。

現場的活力和力量實在驚人，我們背後的音響聲，蓋過了前方喧鬧的一萬五千名聽眾，衝撞區在我們腳下，聽眾全力衝撞，汗水和塵土到處飛揚。雖然很噁心，卻很刺激。

我想，這就是我終生以娛樂為志業的起點，接下來的十年，我過著搭飛機旅遊的生活，晚上大多睡在遊覽車裡的沙發，有了重重的黑眼圈。真希望在網路上搜尋我的名字，能找到標題是〈如今他們在何方？〉（*Where Are They Now?*）的文章。但實際上是找不到的，因為那場表演是我做為搖滾明星的巔峰。此刻，對於「我永遠不會成為搖滾明星」的見解，我已經能坦然接納。我唯一能登上《滾石》（*Rolling Stone*）雜誌封面的方法，就是在某個炎熱的夏天，把我的照片放在《滾石》雜誌上，將雜誌放在車子的儀表板，讓酷暑融合雜誌封面和我的相片。我膽子很小，連刺青都不敢，也沒想過把頭髮染成粉紅色（雖然高中有嘗試想染過），不管怎樣也不敢碰毒品和酒精。如今的我，在人生中已處在不同的世界，通往搖滾名人堂的大門早已關上。

然而，一年前的某個週六，我稍微踢開了那道已緊閉的搖滾名人堂大門，我決定成為鼓手。我的挑戰是要學得充分，足以敲打完整的一首歌，而且聽起來要厲害。只要一首歌練得完美就夠。我從來沒想過要當主唱，卻想要有某個拿手的技能，只要比我目前的嗜好還酷就好。學習用鼓把一首歌學得深入、打得專精，那便會成為我的代表作。

基於現實因素，我很明白這目標很蠢，也是不可能成功的。

首先，我跟先生彼得和還是嬰兒的兒子馬提，一家三口住在曼哈頓的一房公寓裡，公寓比車庫還要小。目前家中多餘的空間全都用來放尿布，騰不出空間放爵士鼓，而且我們不知道鄰居有沒有耳塞。住在這裡的人不太會去敲別人家的門、敦親睦鄰，所以我們也不知道該怎麼事先提醒鄰居需要耳塞。達成這項目標困難重重，不是以失敗告終，就是我們被逐出公寓。

我對爵士鼓的認知真的不多。儘管我在青春時代有過管樂器的經歷，現在卻已分不清 tom-tom（筒鼓）與 tam-tam（銅鑼）之間的差異。我不知道踩了爵士鼓的踏板後，腳踏鈸就會安靜，也不知道專業術語，鼓手說的 bell，指的是鈸中央的鈸心，而不是瑞士乳牛脖子上掛著的鈴鐺。鼓椅叫做 throne，不是 seat。除此之外，我的手腳也沒有特別協調。我沒辦法同時揉肚子和拍腦袋。練習體操時，從平衡木跌下來的次數超過待在平衡木上的次數。國小四年級沒被邀去打第二季的籃球，是因為在之前的比賽，我被自己的腳絆倒，摔到隊友身上，我倆都跌到界外，而且那時她手裡還拿著球。我玩鼓棒、轉鼓棒的技巧也不夠好，這顯然是計畫會失敗的第一個原因。

既然困難重重，為什麼我還是決定學打鼓呢？理由與長久的母職身分相關。

當我決定踏上學鼓冒險，這時馬提四個月大，我生活中的靜謐時刻短暫易逝，偶爾才有片刻的寧靜。大部分的日子，照顧馬提的時間與照顧自己的時間，大約是五比一。他洗澡前，浴室要先變成蒸氣室，毛巾要預先用廚房爐子熱好，而我們再也沒有時間使用爐子烹調食物。

自從馬提出生以後，我不記得自己何時沖澡超過六分鐘。而我一天能完成多少事，全看孩子而定，年度績效考核、坐在桌前用餐等事項，因為我的孩子，我再也不在乎。

我透過試誤法計算出平衡點，大部分的工作都可以用四十五度角的坐姿完成，不僅能看清筆電螢幕，還能把睡著的馬提抱在胸前，我抱著他打字時，他不會滑到地板上。

照顧孩子的辛苦，其他家長也都會經歷過，我很明白我並沒有全新或不同於他人的辛苦之處，只是現在我親身體驗到這些辛苦，我發現了問題：人生若是一份派，切給自己吃的那一片縮水了。我的解方就是設立一個只為了自己的目標。對於我和我的大腦而言，花時間投入個人挑戰（學習打鼓），會是一趟有趣、嶄新又陌生的旅程。

老實說，立下學鼓的目標跟馬提也有點關係。雖然他誕生在世上還不到半年，但是彼得和我都想盡早把熱愛音樂的態度傳遞給他，想在發展節奏感的關鍵時期教導他，免得以後大家隨著節奏拍手時，他不拍，在節拍間不該拍手時，他卻拍起手。

前陣子，我讀了多名加拿大心理學家進行的研究，研究發現六個月大的嬰兒能學會一些基本的樂理，其中，家長的參與是成功的關鍵。[5]

研究人員用拋硬幣的方式決定執行方式，將受試者分為兩組。研究人員會請第一組家長每週一次在課堂上唱一小時的搖籃曲與童謠給嬰兒聽，回到家也要讓嬰兒聽那些歌的音樂。其他家庭則是全家人一起玩遊戲、製作藝術作品或閱讀書籍，在這段期間內，背景要播放音樂。

在該項研究中，所有家長都同樣重視孩子的教育，也願意主動充實孩子的生活經驗。唯一的差別在於孩子聽見的音樂，第一組嬰兒聽到的是家長跟著一起唱的音樂，第二組只聽到播放著背景音樂。

等到孩子滿週歲，研究人員會測試孩子的音樂能力。研究人員選了孩子沒聽過的歌，從英國作曲家湯瑪斯・阿特伍德（Thomas Attwood）的小奏鳴曲中，挑出八個小節，每隔一個音符就調半音。雖是微調，但整首歌聽起來卻很不一樣，明顯不和諧，跟孩子習慣聽的搖籃曲，或巴哈和莫札特等人的音樂作品中，和諧的樂句結構很不同。

研究人員發現，孩子會更關注家長唱的歌，較不關注調音過的小奏鳴曲。

這個差異有幾種含意：

1. 孩子在六個月大時接受家長的音樂訓練，就能辨識出和聲類型的差異。我認為在小時候就發展出音樂之耳的小孩，是相當值得留心的。當我打開家中音響，播放美國爵士樂手約翰・柯川（John Coltrane）、麥考伊・泰納（McCoy Tyner）、吉米・賈里森（Jimmy Garrison）和艾爾文・瓊斯（Elvin Jones），在一九六八年於比利時合作的〈我最愛的事物〉（*My Favorite Things*）現場表演，馬提好像覺得那首歌不如他踢到塑膠星星玩具後，播放的威廉泰爾序曲最終樂章還吸引人。這點我們要努力了。

2. 這個研究也顯示了小孩偏愛的音樂類型。在研究中，兩組小孩聽音樂的時長都一樣，喜歡音樂的程度也一樣。但聽著家長唱搖籃曲的小孩，能逐漸理解和聲的特徵，並且增進自己的音樂素養。他們知道自己喜歡的風格，喜歡跟家長一起學的歌。然而，聽著背景音樂，跟家長一起玩遊戲的孩子，就無法區分和聲是否協調。

我在大學教導心理學約十五年，從同事的研究中獲得不少資訊。若孩子從小對音樂有認識，對於發展專業音樂外的其他領域，也有一定的影響。

根據德國科學家的研究，孩子在玩遊戲時，和其他小孩和大人一起聽音樂、創作或跳舞，與玩遊戲時沒有音樂伴奏的小孩相比，日後更容易幫助其他人。

沒聽音樂的二十四位小孩當中，只有四位幫朋友把壞掉的玩具修好。一邊玩遊戲一邊聽音樂的二十四位小孩當中，有十三位幫助同伴。[6]

因此研究人員認為，要在團體中創作音樂，音樂家無論年齡大小，都要一直意識到他人才行。音樂家要跟別人協調合作，分享情緒經驗與樂章形式，並且創作出某些需同步演奏的聲音。在發展的過程中，音樂幫助人們凝聚團隊的向心力。練習創作音樂時，也是在練習良好的社交技能。

我決定趁著馬提睡覺的珍貴時刻，投入音樂訓練，但是這個主意會帶來更多噪音、混亂和無可避免的挫折感，也可能引發一定程度的自我挫敗感。不過，我覺得把音樂排進一天的行程，我的大腦才會仔細思索這件事，不會總想著：馬提何時會吼著要吃下一餐。這時我轉開音響可以不用播放〈咩咩小黑羊〉（*Baa Baa Black Sheep*），而是播放藍牡蠣合唱團（Blue Öyster Cult），並且把這段時間稱作「學習時間」。在這段時間，我閱讀了研究，並把它當成是正當的理由，聲稱是要將寶貴的人生功課教給馬提的準備。

我知道要達成專精爵士鼓這項目標不容易，但這也是我的機會，我想抓住機會。這當然不是我第一次想努力達成一項堪稱「莫大挑戰」的目標，我也不是第一個這樣做的人。每年十二月，馬瑞斯特學院（Marist College）對美國各地一千名成年人進行調查，詢問受訪者是否會在新的一年許下新年願望，得到的數據每年都一樣，約半數的受訪者表示會許願。[7]不過，當問到受訪者是否有信守前一年許下的諾言，約三分之一表示沒有。

這項統計顯示，光是設立目標並不足以堅持到底。我相當清楚這點，我也在每年第一天發誓要更深入學習投資、存退休金，但是學到一半就半途而廢。決心續約健身房的會員，結果每個月的帳單一來，才想到自己沒去運動。為了做出邁向目標的正確選擇，我試過一大堆策略，例如：對自己說一段鼓舞士氣，以達到財務健全的話。也寫下文字提醒自己要買新鎖頭，用在健身房的寄物櫃上，但這些努力好像沒辦法讓我的錢包和腰圍更接近理想的目標。

我早年嘗試要改善這些習慣時，總是很苦惱如何堅持到底。

我第一次練鼓的時候，是坐在馬提旁邊的地板上，把底部為矽膠的碗倒扣，拿打蛋器當成鼓棒敲碗。我把碗當成爵士鼓打點板，馬提把碗當成固齒玩具。我們倆不太能跟上節拍。而要模仿美國搖滾樂手戴夫．格羅爾（Dave Grohl）或巴迪．瑞奇（Buddy Rich），甚至是電影《布偶歷險記》裡的瘋狂鼓手，我現在的程度還差得遠呢！

第一次練習結束後（用練習來形容實際情況，算是寬宏大量了），憑藉著對打鼓的愛好，顯然無法讓我堅持下去。我技巧不好，也不喜歡聽到自己敲打的聲音，這兩方面要花一段時間才會有所改變。甚至在真正開始練習前，發現自己對鼓的喜愛程度漸漸減少，就很像每次有人跟我談財務投資組合的平衡風險、難懂的租車保單條文或體育活動，我越聽越興趣缺缺。因此如果要讓我能堅持打鼓，就必須發揮創意使我信守諾言。

我像許多人那樣，試著提醒自己立下什麼目標、這項目標為什麼重要。[8]有一些朋友來我家看剛出生的馬提，當他們問到我的近況，我很想說些別的話題，不要聊馬提現在穿的連身衣、馬提的睡姿像是仙人掌之類的。我提醒自己，音樂是靈魂與大腦的糧食，也想證明新手媽媽有私人時間的話，會帶來哪些益處。

我很想跟朋友說：「馬提半夜要喝奶，幾個小時我都用充滿愛意的目光凝視著依偎在我身上狂飲的寶寶。」然而，這種話我說不出口。因為我通常是一隻手抱著他，另一隻手拿手機看科學報告的摘要（唯有這樣做才能防止我睡死在他身上）。我練習的鼓聲聽起來像建築工人挖路般刺耳，像鴯鶓寶寶學走路般不協調。

我以為多查資料會鞏固持續練習的決心。整個過程很辛苦，在寧願去睡一覺的時刻，要搜尋在網路上公開的調查資料，評估每一筆資料的學術研究品質，了解箇中含意，解譯成我能運用的訊息，好記住我和馬提敲打餐具一事有何重要性。

老實說，我沒有餘裕可以騰出練鼓要耗費的時間、體力和心智頻寬。每天都需要再次提醒自己，不要忘了用這種聲音折騰耳朵的目的為何。這也表示打鼓無法長久持續下去。

為什麼做不到呢？

問題就出在策略上，我們邁向目標時，所採用的策略，往往容易把自己搞得筋疲力盡。

至於我們在維持動力的必用手段，無論是我想到的，還是別人常用到的，都達不到打鼓所需的要件。以我的例子來說，提醒自己、鼓勵自己，很可能成效不彰，彷彿在即將沉沒的船上，奮力抓救生浮條要救自己。如同我要學鼓的這類重大挑戰，需要更好的手段才能落實。

不只適用於我面臨的音樂挑戰，也適用於其他挑戰。[9]減重時要做到不吃起司蛋糕，就必須戰勝誘惑。為了平衡開支，每個月存一筆錢到健康儲蓄帳戶（Health Savings Account），其所帶來的滿足感，卻不如每天上班路上用同一筆錢買的卡布奇諾。

做著不熟悉且耗費心力的事，以更有效地達到目標，需要即時掌握狀況。像念經般反覆說著：「我做得到，我做得到，我做得到……」很快就會膩了。想讓心智擺脫誘惑與惡習，用這種方式努力，反倒會產生反效果。

曾經有實驗以想減重的女性為對象，測試這類費力做法的成效。在實驗人員的指示下，將要減重的女性分為兩組，一組努力不去想巧克力，另一組受試者沉溺於幻想之中，在腦海裡享受吃巧克力的感受，幻想絲滑甜美的滋味與感覺。[10]你可能會以為這樣反而會更刺激減重者的胃口，想吃進美味的巧克力，但結果並非如此。不去想巧克力的減重者，若之後給她們試吃巧克力的機會，平均會吃進八、九片巧克力。盡情想著巧克力味道、滋味和口感的減重者，她們吃進的分量平均只有五、六片。

我們跟第一組減重者一樣，為達重要目標而採用的策略，往往是錯誤的策略，耗盡有限的體力、時間和愛好，困難的工作因此無法變得簡單。

這點之所以重要，是因為在很多情況下，心理狀態會比生理狀態更容易影響人們不屈不撓突破阻礙的能力。雖然我們很難發現這點，但是評估自己的耐力、盤點自己的體力與活力之時，判斷力對表現的影響，大過於實際從事工作的體力。如果認為自己很努力工作、已經耗盡了心力，那麼之後的成效就會降低，無論實際上是精疲力盡，還是已充分休息，只要有了這種想法，成效就會降低。

為了評斷個人的心理狀態相對於身體狀態的重要性，美國印地安那大學的學生願意擔任受試者，從事相當無聊卻費神的事情，以協助研究。[11]

首先，每位受試者要把一頁文章中所有出現的字母e劃掉。我承認這項作業很無聊，但做起來相當簡單。然而，正是因為這項作業如此簡單，所以當規則改變，要耗費的心力就會更多。在該項研究的第二部分，將所有受試者分成兩組，第一組受試者延續原規則，不需太費神就能把下一頁的e都劃掉。另一組也是要把文章中的e全都劃掉，但是在同一個字當中，若e後面有另一個母音字母（例如：read），或e旁邊相隔一個字母有母音字母（例如：vowel），那就不用劃掉e。光是設法搞懂這些新規則就很累人。

研究人員沒有就此止步，他們捏造錯誤說法，聲稱彩色紙張會影響人類的體力值。他們告訴受試者，生理狀態的源頭，或許來自於眼前紙張的顏色。研究人員對一半的受試者說，無論執行的作業是容易還是費力，黃色紙張會消耗注意力與審慎思考的能力。研究人員對其餘的受試者說，黃色紙張會帶來活力、提高注意力並激發審慎的思考力。然後，在最後的分析式思維測試，研究人員會測量每個人的專注力與毅力。

研究人員提到「紙張顏色具有影響力」，雖然是騙人的說詞，這句話卻帶有真正的力量。受試者若以為黃色紙張會造成倦怠，在處理字詞時，就會更快放棄，犯下更多錯誤，並且工作的速度會慢下來。當受試者閱讀那些文章，其中的論點，不論是寫得差還是有證據，都分不清兩者的差異。

無論受試者做得是頗具挑戰性的工作，還是相當簡單的工作，都無關緊要，反而是受試者認為自己是否可以付出更多心力，會影響到他們下次的表現。不論實際體力強弱，個人的心理資源可用度，才會真正影響到表現。

其實受試者並不是沒有動力，他們可能覺得自己才剛付出大量心力（即便實情並非如此），甚至還認為目標很重要，只是達成目標的能力會有所減損。因此從這個實驗可以得知，受試者的心理狀態比生理狀態還要更重要。

由此可見，在面對重大挑戰時，採用自以為會有幫助，其實卻費力的策略，就可能會以失敗告終。之所以失敗，不是因為我們不在乎，也不是因為我們不夠努力，而是因為使用錯誤的工具來處理。

尋找有效邁向目標的策略

半夜，我尋找哪些技巧能有效幫助我面對艱困的挑戰，結果發現戴爾．奇胡利（Dale Chihuly）的故事，他是美國的玻璃藝術家與雕塑革新者。他挑戰平衡定律，利用玻璃殼與飾帶組成球形草，建構出燦爛的肋骨狀。他的圓廳吊燈（Rotunda Chandelier）懸掛在倫敦的維多利亞與亞伯特博物館（Victoria and Albert Museum）大廳。美國總統比爾・柯林頓（Bill Clinton）曾經把奇胡利的作品送給英國女王伊莉莎白二世與法國總統密特朗。許多名人都曾買過奇胡利的作品，像是美國演員羅賓・威廉斯、艾爾頓・強、米克・傑格和比爾・蓋茲等人。過去十年以來，逾一千兩百萬訪客在七個國家、九十七個展覽欣賞過奇胡利的藝術作品。一九七六年起，奇胡利的人氣逐年上升，當代藝術策展人亨利・格爾扎勒（Henry Geldzahler）率先取得奇胡利的三個玻璃籃，於紐約大都會藝術博物館展出。

一九七六年，某個雨夜，人在英國的奇胡利發生正面相撞的汽車事故，從擋風玻璃飛出來。玻璃刺傷他的臉，傷口需要縫兩百五十六針。這場事故導致他的左眼失明，視覺看不出人事物的深度。三年後，他在人體衝浪的過程中出了一場意外，右肩脫臼。此後，他舉不起吹管，無法吹製玻璃。

不過，令人震驚的種種事故和傷口，反而成就了新的開始，奇胡利突然改變觀點。[12]由於他只有一隻眼能視物，不得不重新構思藝術品的製作方法，並調整技巧。他解釋道：「我想自己或許因此能以不同角度看待事物。」沒錯，就是因為他後退一步，站在不同角度觀看自己的作品，才因此獲得藝術上的讚頌與創業上的成就。

這正是我們為達成目標所需要的，我們需要找出新方法應對。在設法依方針執行時，其實需要的是不同的方針，要以不同的角度去看自己的做法。

我對於我的音樂之旅，沒有先擬計畫、制定路線，也沒有列清單，儘管如此我還是出發了，我先是探索自己的能力、責任、意志與決心，我參考奇胡利的見解，甚至把他原先所提的話，執行的更加確實，把注意力放在我的視角，親眼見證全新的成功之道。

第2章

設定目標的難易度，決定成功的速度

如果我的目標是要成為鼓手，就必須挑選第一首歌。我請彼得幫忙，他有四十年的打鼓資歷，使用的爵士鼓，是他十幾歲在街頭小店工作存錢買下的。即使過了數十年，當他拿起鼓棒，只是敲打幾回，高中時期練習好幾個月才熟練的歌曲，便瞬間回到他的腦海裡。

我們去加拿大拜訪我妹妹，順路去逛某間樂器行，彼得用展示鼓敲打著傳奇鼓手尼爾．佩爾特（Neil Peart）在〈奇怪的村莊〉（*La Villa Strangiato*）這首歌中的節奏。此時，臉色紅通通的業務員跑過來，露出敬佩的神色。

彼得的鼓打得很好，真的很好，所以請他帶我入門，似乎是最好的選擇。

他給我很多建議，請我花一星期挑選想學的歌反覆聆聽，仔細聽出鼓點，而不是只練唱歌詞，彷彿在準備當和聲。不過，這角色我同樣不可能做得好。

我那一陣子狂聽U2合唱團的歌，選的是《約書亞樹》（*Joshua Tree*）專輯裡的〈射向藍天〉（*Bullet the Blue Sky*）。這首歌的節奏重複，有點類似是拉威爾（Ravel）的〈波麗露〉（*Boléro*）。我反覆播放這首歌，沉浸在其中。一星期後，我回覆彼得：「我準備好了。」他說：「選的不太好。」我很訝異，問他原因。他說這首歌最厲害的地方在於它很複雜，鼓手必須精通和協調多項技能。

比如說，在第四拍要用小鼓敲十六分音符，在一拍的時間內，手必須離開腳踏鈸，敲打小鼓的十六分音符，再快速回到腳踏鈸。

這首歌還有一個地方更困難，某個第四拍的一拍內，左手鼓棒要離開小鼓、往上移到腳踏鈸，另一個第四拍要往下滑回小鼓。一而再、再而三反覆以這樣的規律敲打。所以彼得才會說這首歌很複雜，對初學者來說這實在太困難了。我不得不認輸，也意識到自己在追尋目標的路上，犯下了十分重大的錯誤：我把志向立得太高、太遠，在一開始就承擔太多。

這種錯誤相當常見，在多樣的嗜好中，有抱負的家庭廚師，時常犯下這種錯。你想試試看烹飪嗎？一開始最好不要嘗試火焰阿拉斯加（Baked Alaska），這類甜點需要用到高級的手法。先攪拌冰淇淋，精心製作出鬆軟綿密的戚風蛋糕，還要決定搭配哪種蛋白霜，法式、義式或瑞式，挑選合你口感的。組合所有的材料還很有可能會出錯，要先把平面的長方形蛋糕片，變成立體球形以包裹住冰淇淋，再把蛋白霜放上甜點頂端，如一九五〇年代，水上芭蕾舞者的泳帽覆滿了花。之後要將整個甜點放進五百度的烤箱，烤好以後，把點了火的烈酒淋上去，這時還要確保冷凍的冰淇淋不會融化。

我立志要學會的第一首歌，困難程度有如火焰阿拉斯加。

彼得建議我參考看看外野樂團（The Outfield），他們是駐地在倫敦的英格蘭搖滾樂團，最熱門的單曲是〈你的愛〉（*Your Love*），一九八六年在告示牌百大單曲榜（Billboard Hot 100）拿到第六名，八〇年代後差點滅頂，而這樂團引起我的共鳴（國中時期實在好苦）。

這首歌有基本的搖滾節奏，鼓手在歌曲的前六十五秒什麼都不用做。即使這首歌看似相當簡單，但要協調我的手腳，也是一大挑戰。不用第一首歌就挑戰不可能的任務，只要我能克服挑戰、精通這首歌，也會以自己為榮。其實我很想找很酷的歌來練習，好吹噓一番，彼得提醒我〈你的愛〉不太符合我的想法，儘管如此，我還是覺得自己該試一試。

這首歌是以烘衣紙廣告初次面世，發行距今已逾三十年，而我研究這首歌六個月後才發現這件事。不過，我的第一要務不是變得很酷，當年我待在行進樂隊的時候，整整八年，頭戴插著巨大羽飾的帽子，那是我自己選的。總而言之，酷帥不是我的要務，這首歌很適合我。

彼得對成功之道的直覺想法，正好是研究人員證實的實情：

1. 擬出程度適合的目標，才是最好的目標。目標不可以太難，否則還沒真正開始就想放棄。也不能設定輕易就能達成的目標，容易不思進取、沒有動力，因為達成的回報看起來不太大。

2. 設立目標時，要在邁向目標的路上，經過漸進的里程碑，或是讓進展的速度很快，不然很容易會筋疲力盡。

設立的目標程度，要難度適中，且不會做不到，這樣才能鼓舞人心，好比跑馬拉松時，無法以短跑選手的速度跑完全場，但是用走的也贏不了比賽，必須找到平衡。設立目標的重點也是如此，要在承擔太多與不夠努力間取得平衡。

若公司設立的目標程度適當，雖不太容易達成，卻也不是不可能成功，那麼有可能以破紀錄的速度，促進公司創新和發展。

舉例來說，3M公司預期每年收益的二五%，是來自五年前不存在的產品。[1] 3M公司每年生產的產品超過五萬五千種，產品形形色色，有黏著劑，也有去除黏著劑的產品，還有醫療用品，例如：可看到人體內部的無線聽診器、處理數據速度快過於人類的健康照護軟體等。

3M公司追求創意新設計的目標十分遠大，據報導，制定出可達成的目標，也因此成為公司文化，該公司期望創新團隊花一五％的時間，自由探索、發展個人的想法，這些想法不一定會獲利。研發部門會在內部科展貼出海報，展示還在開發中和等待潛在合作者參與的幾項專案。

3M公司推出該項初步計畫後的五年期間，五年前尚未登載的產品淨銷售額，每年都超過三〇％。

彼得提議的歌，和我為了首次登台而選的歌，就是遵循3M公司的目標設立原則。我在學鼓初期採用同樣的目標設立方法，效果和益處十分明顯。我剛開始練習〈你的愛〉時，嘗試協調我的手腳，動作很不瀟灑，成效也不佳，因此我選擇著眼於比較容易成功的部分。先是把注意力放在小鼓和大鼓，忽略腳踏鈸和定音鈸，然後將右臂貼在身側等待，也許是在準備隨時可以蓋住一隻耳朵擋住聲音吧。在一小節的四拍中，每一拍右腳都要輕踏大鼓踏板，第二拍和第四拍，左手要打小鼓。我必須把歌曲放慢才做得到，不過，我就是這樣開始練習並保持下去，設定了小且能達到的目標。

等到小鼓和大鼓的節奏，不是因為僥倖而打對，是真正做得到後，我修改了練習的方式，將我的右臂越過身體，在閉合的腳踏鈸上打出「鏘鏘」的聲音，右腳堅定放在大鼓踏板上，試著以兩倍的腳速去踩腳踏鈸。雖然這些動作組合起來，湊不出搖滾樂的樣子，但是把達到明星程度的大目標，切分成幾個做得到的小目標（最初是隨著反拍節奏律動，敲打出節奏，能成功演奏一半），倒是我可以達成，也確實做得到的。

視線鎖定於目標

我用這方式練習敲打出〈你的愛〉的基本節奏，相當成功，可是後來的學習之路還會碰到其他難關。同時做太多事情或注意力被分散（尤其那些事情可能密集得做不到），會更難成功邁向目標。我們不一定能按自己所想像的那樣有效率，設法同時從事多件事，成果往往反映不出最好的能力。

美國卡內基美隆大學神經科學研究人員馬塞爾．賈斯特（Marcel Just），設法量化這個概念，他安排多位駕駛者運用虛擬實境模擬器，在道路上駕駛，同時必須不時留意別人說的話。[2]

當駕駛員留意對談內容時，將汽車開到道路外的機率，比專心開車高出五〇％。這與神經作用的變化有關，大腦中的頂葉負責處理人體與周遭環境的相關資訊，而相較於專注於道路的駕駛者，一心多用的駕駛者頂葉活動平均減少三七％。換句話說，駕駛者的大腦若同時做太多事情，工作就會做不好。

因此要得到最佳的工作成果，必須專注在立志達到的目標上，忽略周圍的物體、活動、經驗與人群。

我在某位起初看似黯淡無光的人物身上獲得啟發。十九世紀初，住在今日的斯洛伐克，就讀大學四年級的約瑟夫．佩茲伐（Joseph Petzval），似乎注定成為鞋匠，那是他父母替他選的職業，因為他功課不好，尤其跟數學更是勢不兩立，還不得不重修數學一年，因此父母替他做出這個職業選擇。不過，某年夏天，他主動閱讀相當複雜的《數學原理分析報告》（*Analytic Paper on the Elements of Mathematics*），改變因此而發生。

一年後，他沒有去當鞋匠學徒，反而進入學院，為進入幾何研究院攻讀工程學做準備。同年，他拿到學位，開始修習研究生學程，獲聘為物理系講座教授。他在匈牙利的布達（Buda）擔任城市工程師，把數學、力學和實用幾何學的知識，應用於洪水防治、水壩興建、城市下水道等問題。他取得博士學位後，獲邀以數學家的身分擔任維也納大學的教授職位，據說他每天都騎黑色的阿拉伯馬去授課。他在奧地利卡倫伯格山（Kahlenberg Mountain）的城市北部，租了一處廢棄的皮亞爾會修道院，可俯瞰多瑙河。在這片廢墟當中，他一舉改變了攝影的過程。

佩茲伐在修道院興建玻璃研磨工作坊，製作出革新拍照方式的鏡頭。在過去，最常用來拍攝個人肖像的技巧是銀版攝影法，這類相片很難拍攝，攝影對象必須保持不動約三十分鐘，好讓可蝕刻影像的銅版接受曝光。因此拍攝出來的人物影像姿勢僵硬，畫面陰暗得引人不安，又常常模糊不清。一八四〇年，佩茲伐製作的鏡頭與光圈，能讓更多光線快速進入相機，人們就不用保持不動那麼久。[3]佩茲伐的相片背景，仍然令今日的攝影師為之著迷。雖然相機準確對焦在前景的主體上，但是背後的畫面呈現出柔美的顆粒感，背景模糊，有如漩渦般旋轉，呈現出神祕又迷人的效果。

該款鏡頭如今已有一百八十年歷史，前陣子再度引起關注，公眾募資平台 Kickstarter 發起資助該款鏡頭重新生產的活動，按照佩茲伐的原始規格設計鏡頭，而且是以商業市場為對象。

佩茲伐發明的攝影手法便是開放光圈，亦即前景清晰、背景模糊。這種效果雖然會犧牲周遭畫面，卻可以凸顯主體，避免人分神去看周遭畫面。

十九世紀的佩茲伐在光學上的突破進展，堪稱為現今最佳人像鏡頭的基礎。而該款鏡頭產生的視覺效果，更是啟發不少靈感與手法，激勵人們追尋「縮小焦點」的目標。

縮小視覺注意的焦點

紐約在早春下了一場暴風雪，每個人都不得不做好萬全準備，街頭鋪滿一層厚厚的白雪，少有人膽敢妨礙。儘管天候惡劣，我還是出外踏上「只有紐約才有的」冒險。我應邀發表演講，在背景各異的聽眾面前，講述視覺注意力和錯視。

在我談論科學時，聽眾喝著蜂花粉點綴的伏特加雞尾酒，吃著甜菜佛卡夏麵包。會場中四處走動的奧斯卡金像獎得主，人數超過我衣櫃裡的手提包數量。聽眾遞來的名片，是用訂製紙包裝的，種在地上，簡直能看見它開出花。這些賓客肯定是從世界各大洲飛過來的。

我提早抵達現場做準備，在開始演講前有一大把時間可以消磨。我跟跳傘運動員傑夫．普羅文扎諾（Jeff Provenzano）聊了起來。[4]

一開始我以為他被派來當我的技術助理，我猜錯了，他是專業的跳傘運動員，有很多跳傘經驗。他獲得大筆贊助，穿上緊身衣，像飛鼠般從挪威的懸崖往下跳，也曾經帶著降落傘，從全球第二高的杜拜公主塔往下跳，還曾經在三公里的高空，從貨機後部發射出去，居然能坐穩在沙發上玩電玩。

有一次，他從飛機上跳出去，以時速一百六十公里撲向德州的某座湖，結果降落在一艘移動中的水上摩托艇後座，駕駛者是他前一天才認識的人。

在英國汽車節目《頂級跑車秀》（*Top Gear*）的某一集，他面臨的挑戰對手是 Ford F-150 的越野怪獸卡車，叫做 VelociRaptor 475。兩者進行八公里的比賽，卡車水平跨越亞利桑那的沙漠，而普羅文扎諾是頭朝下垂直墜落。結果，普羅文扎諾贏了。

我們倆邊聊邊等活動開始，此時他拿出螢幕碎裂的手機，他從事那行難免如此。我們開始分享自己的工作故事。從他的各項成就來看，他的故事顯然有趣許多。其中有個故事特別吸引我，這個故事論及視角的力量與縮小焦點的價值。

普羅文扎諾與跳傘隊員路克・艾金斯（Luke Aikins）、瓊恩・德沃爾（Jon Devore）面臨的挑戰，要從約七千六百二十公尺高空的飛機裡跳出來，降落在網子上，而且不配戴降落傘。[5]他們第一個反應是把機會讓出去，免得妻子成了寡婦、小孩沒了父親，但他們後來改變了想法，決定試試看。其中艾金斯是指定的跳躍者。

他們三人邀請各領域的專業人士組成團隊：電影《鋼鐵人》的特技指導、製作機場跑道燈泡的幾位燈光設計師和一位GPS系統工程師，還邀請一位服裝設計師製作飛行裝，需要能大幅降低阻力，同時要有空間容納著陸所需的護脊和護頸。另外，他們邀請美國航太總署（NASA）的幾位工程師，計算人體的衝擊力。

團隊共同設計和打造出一張長和寬約三十公尺的網子，重量約兩百七十二公斤。他們用起重機掛起網子。掛著的網子有三個張力點，有一部分會在艾金斯撞擊前鬆開，以減緩衝擊力道。若太快鬆開，網子會塌陷，太晚鬆開，網子會太僵硬，因此擅長計時系統的專業特技演員尼克·布蘭登（Nick Brandon），根據兩位計算墜落速率資訊的組員，以及一位擔任偵查者的資深跳傘員的指導，觀察艾金斯腳後跟冒出的煙，負責手動掌控鬆網的按鈕。

網子還連接氣動活塞，以打造出緩和剎車系統。但我很好奇，艾金斯墜落時所承受的二·四G衝擊力，科學家計算出的止剎效果有多緩和，畢竟那衝擊力很接近太空人在火箭發射時承受的力道。

艾金斯決定要攜帶跳傘氧氣瓶，以免跳躍時缺氧，高空氧氣不足會引發認知混淆、耳鳴、色盲和嘴唇發紫等症狀，聖母峰的高山營地、高海拔巡航的飛機或他要往下跳躍的高空，都容易引發缺氧症狀。艾金斯的表弟打算與艾金斯同時跳躍，在半空中會合，等到海拔高度能從空氣中吸進充分氧氣，才拿走他們身上的氧氣瓶。

普羅文扎諾和隊友打算穿戴網路直播攝影機，從約七千六百二十公尺的高空，拍攝整個墜落期間的情況，並在電視上播放。到時會有很多人見證這一刻。

在這整個故事中最吸引我的地方是，艾金斯如何找出網子的所在位置，並準確降落在網子上，這工作比乾草堆裡找出一根針還要困難（在乾草堆裡找針最起碼是在地面上進行，唯一會致命的因素，大概就是無聊到死）。團隊買了八個精確進場路線指示燈，通常用於指示飛機就定位，以利飛機順利降落在跑道上。在這次的跳躍中，這些燈泡可以讓艾金斯得知網子中心的所在位置。

發出高強度光束的紅白燈泡並列在一起，組合成單一光束，就算是好幾公里的高空，也容易看得到。團隊把指示燈擺放在網子外，形成兩個同心圓，就像飛鏢靶心外圍的圓圈。艾金斯的目標，是將自己定位在網子中心的正上方，若他超出網子的範圍，光束看起來是紅色，當他回到網子中心的上空，光束就會看起來是白色。

艾金斯很清楚，墜落時必須保持在白光內的範圍。難處（彷彿難度還不夠似的）在於演練時要感覺自己是垂直墜落，但 GPS 追蹤系統卻顯示著他們是以每小時三十二公里的速度水平移動。我對普羅文扎諾說：「假如是我要往下跳，必死無疑，我一定無法一直注意顏色和顏色代表的意義。」普羅文扎諾說：「其實不難。白色，妳沒事，但紅色，妳就死了。」

我覺得這職涯之路風險很大，不過普羅文扎諾和團隊也不是沒有演練，就直接把艾金斯丟出飛機。他們用沉重的假人練習過好幾次，也嘗試帶著備用降落傘到高空練習跳躍。每次的演練都是為了要促使儀器與團隊找出侷限。

第一次演練時，他們發現燈具系統沒發揮作用，擺放的位置不對。有一組燈具是用來標示三十公尺寬的網子邊緣，外接第二圈，距離網子中央約七十六公尺。這些圓圈彼此離得很近，從飛機往下跳，只要伸出手臂，用拇指就能擋住圓圈，普羅文扎諾說：「那次試跳，我和艾金斯都看不到第二圈。」光束全都垂直朝上，光線強烈到可以穿越大氣層，飛行員在他們跳躍前都能看得到光束。

不過，普羅文扎諾和艾金斯一跳出去，就專心凝視靶心周圍的四個燈，所以外圈的燈消失於他們的視野之中。跳傘員極其專注於自己的狹窄視野，看不到範圍外的景象。

於是團隊進行調整，將內圈與外圈的圓直徑，分別縮小三〇％至四〇％。現在，白光的視野小了許多，與之前不同，實際上會發光的地方，只有艾金斯必須集中注意力的地方。

那麼結果如何呢？二〇一六年七月三十日，七千六百二十公尺的高空，艾金斯移動到塞斯納（Cessna）飛機的門口，緊抓著跳傘氧氣瓶。他把腦袋伸到門外，往下看，即使他看不見網子，卻還是踏了出去，在空中飛翔。監測器顯示艾金斯的心跳率是每分鐘一百四十八下，但是他的樣子比我在尊巴舞課堂上跳著嘻哈動作還要更放鬆、更沉著。他在空中滑翔，尋找白光，目光一鎖定白光位置後，往下墜落的期間一直保持在白光範圍內。他距離網子約九十一公尺，就會側身翻滾，以背部朝下，如此一來，網子就能托住他彎曲的身體。離開飛機的兩分九秒後，他撞擊到網子上，發出尖叫聲，不是因為疼痛，而是鬆了一口氣，他也很得意自己完成不可能的任務。

雖然亞利桑那的沙漠遼闊寬廣，但是艾金斯的視覺焦點狹窄銳利，就像是佩茲伐的相機鏡頭。在遠離地面的高空，視野也許變得遼闊寬廣，側緣是層層疊疊的群山，溪流與道路繞著地景蜿蜒而行。不過，當他從天堂往下墜落之時，他看不見那些景物，目光一鎖定在網子的位置後，周圍的景物全都模糊一片。

這一點就是他成功的關鍵。

縮小焦點使菁英運動員獲得佳績

長跑運動員瓊安．貝諾特．薩謬森（Joan Benoit Samuelson），[6]讓自己腳上的鞋子保持在距離地面不超過六十公分的高度，這高度跟艾金斯故事裡的七千六百二十公尺可說是天差地遠，但她也正是因此才能達到其他女性無法匹敵的成就。她是首位女性奧運馬拉松冠軍，贏得一九八四年夏季洛杉磯奧運競賽，是奧運舉辦的第一屆女性馬拉松。

薩謬森高中開始長跑，她曾在滑雪時出意外，摔斷了腿，長跑是為了幫助腿傷復原。上大學以後，她參加一九七九年的波士頓馬拉松，當時薩謬森還是位沒沒無聞的選手，卻贏得馬拉松，甚至比之前的最快紀錄快了八分鐘。四年後她又破了自己的紀錄，快了十二分鐘，創下新的世界紀錄。

她是怎麼做到的？

雖然薩謬森從來沒見過佩茲伐和艾金斯，但是她克服挑戰的技巧，呼應了相機鏡頭與精密設計的靶心燈具系統，便是**以縮小的焦點觀看周遭的世界**。

薩謬森跑步的時候，會掃視前方的跑者，挑選其中一位（例如：穿粉紅色短褲的跑者）超越對方，再找新的跑者超越對方。[7]她設下的目標看似遙不可及（確切來說是四十二公里，這目標聽起來確實是大多數人辦不到的），但是她把目標拆成幾個做得到的小目標。

薩謬森設下的是頗**具挑戰性卻有可能達成的目標**，既可激勵人心又不至於壓垮人，可催促她更快往前邁進，卻不會筋疲力盡。薩謬森在馬拉松的最後四分之一賽程，都用到這個方式，一直堅持到抵達終點線。她訓練視線只集中於每個小目標，儘管她跟其他人一樣，會在某一刻會體驗到疲憊，但眼前的小目標還是激勵著她，使她跑得更快。如此一來，一度看似遙遠的大目標也會變得明確，位於目光可及之處。

一月的某個寒夜，我坐在布魯克林基督教青年會（YMCA）的地板上，想通了一件事：薩謬森的成就相當出眾，但她的技巧其實跟其他的卓越跑者一樣。

名為「巔峰速率」（Zenith Velocity）的菁英跑者團隊，會在這家基督教青年會的跑道進行訓練，一週一次，這裡的跑道長度為正常跑道的四分之一。

這些跑者獲得不少獎項，有一位是奈及利亞跑得最快的男性，還有一位是千里達第三名的跑者，他跟史上跑得最快，綽號為「閃電」的尤塞恩・波特（Usain "Lightning" Bolt）一起接受訓練。另一位是拉隆德・高登（Lalonde Gordon），他獲得兩面奧運銅牌，也是托巴哥拿到奧運獎牌的第一人。

這些菁英跑者回到住處前，花了些時間跟我聊聊他們是怎麼看眼前的路。

我向他們說明研究「集中注意力」的科學家，所認為的「集中注意力」是什麼意思。我問跑者：「跑步時在看什麼，是把視線和注意力放在某個目標上嗎？像終點線或直線路段的末端？」

我還問他們是不是使用廣泛的注意力？會不會轉頭去看前方的彎道或左右兩側的人？會不會為了看清側邊，就四處轉動眼睛？

「巔峰速率」的每位菁英跑者都坦白表示，雖然很想時時注意競賽狀況，但使用的技巧還是類似於薩謬森的視覺技巧，**最常使用縮小焦點的技巧**，認為要擊敗其他跑者的話，這種技巧的效果肯定勝過於其他。

視角影響實際感受

暫且不提菁英運動員從來不擔心泳裝季節即將到來，他們的日常經驗還有許多層面跟我不一樣，也跟那些自覺不屬於菁英運動員的人們不同。最大差異在於，菁英運動員觀看周圍空間的方式，似乎不太在意周圍，且似乎也是以不同角度看待挑戰。

有研究證實，人體的生理狀態，確實會影響人們理解運動的方式。[8]相較於體重較輕、體力較多的人，體重較重又疲累的人，會把同一段距離看得比較遠，即使那段路途是有能力完成的。當我們看到應該能爬完的階梯或應該能登上的斜坡，也會發生同樣的情況，若難以起身走動，就會覺得眼前所處環境帶來的挑戰顯得更為艱鉅。

美國維吉尼亞大學針對六十位資深跑者進行研究。[9]這些跑者一週至少慢跑三次，一次跑近五公里以上，在他們出門慢跑前和慢跑後要回答研究人員的問題。

當他們去跑步時，可以挑選自己喜歡的路線，只是起點要是某座山丘的山腳，終點是另一座山丘的山腳。跑者在開始前和結束時，要分別估算山丘的坡度，透過移動量角器上的角度尺，來表示他們眼前看到的斜坡。

儘管受試者全都是結實的跑者，但當他們都表示疲累時，山丘的坡度看起來會比較陡。跑者疲累的時候，會覺得山坡的坡度比不累時的坡度多五〇%。

我在個人實驗室也發現到一點，不用慢跑好幾公里，就能讓人在這世界走動更為費力棘手。[10]

測量受試者的腰圍和臀圍，當作整體身材的指標，接著請受試者估算自己與終點線之間的距離，並將終點線的位置標示在空白地圖上，這張地圖只有起點的記號，以及受試者所在地的標誌。在這段途中，受試者要負重抵達終點。在這項實驗中，受試者的任務就是思考終點線的位置，並在地圖上指出來。

要預測受試者會把終點線標在哪裡，受試者的腰臀比是可靠的指標，但受試者並不曉得這點。相較於身材結實的受試者，身材不結實的受試者心目中的終點線距離更遙遠。

在人們疲累時會發生的感知誇大，也會出現在日常難以控制體重的人們身上。對於那些覺得難以做完運動的人們，運動會顯得更令人卻步。

把運動「看」得很容易

因此，我想問，如果感知是運動問題的一部分，那麼感知有沒有可能也是解決辦法呢？我和研究團隊共同設計出一套干預方法，訓練人們以不同的角度觀看周遭環境，這種技巧讓人們能更熟練、更容易的運動。我們開始教人們用「巔峰速率」隊跑者的技巧，或其他世界級運動員看待終點線的態度，來看待他們走路前往的街頭小店，以及他們跟孩子比賽衝向的運動場。我們希望透過這方式能改善運動品質，即使沒有要參加比賽的人，運動品質也能有所提升。

我的兩位學生夏娜・柯爾（Shana Cole）和麥特・瑞奇歐（Matt Riccio），請受試者在社區的健身房健身，以測試運動能力。[11]我們向受試者說明，腳踝會綁上負重訓練帶，使體重增加一五％，受試者要盡快走到終點線。這屬於難度適中，且不會做不到的運動。

受試者出發前，我們會分別指導受試者，請他們將注意力集中在哪裡。我們要求一組受試者像薩謬森和「巔峰速率」跑者一樣，緊盯獎賞不放，想像著自己的眼睛有如聚光燈，照射在終點線上，並且避免環顧四周。另一組可以像平常一樣，自然而然地環顧四周，不時看向周圍的牆壁、側邊的籃框，或健身房裡的其他人。

每位受試者在開始運動前，都要先估算終點線的距離看起來有多遠。儘管受試者分別以不同方式估算距離，但是相較於自然而然環顧四周的受試者，緊盯目標的受試者估算出的終點線距離短了三〇％。可以得知縮小焦點法讓運動看起來變得更容易。

這種做法對運動表現的提升有多少呢？透過運動者盡快走到終點線的回報，可以檢驗這個問題。使用縮小焦點方法的受試者表示，費力程度與另一組相比低了一七%。

這結果並不全然是受試者的主觀看法，研究人員針對每個人花多久時間完成快走做計算。縮小焦點組走到終點線的速度，比另一組快了二三%。

以客觀理性的角度看增加二三%的速度。假如你是男人，正在考慮參加柏林馬拉松，速度增加二三%，表示可以讓兩小時四十五分的成績，提升到和紀錄上最快完賽的時間只差五分鐘。目前紀錄為二〇一八年由肯亞的艾利亞德．基普喬格（Eliud Kipchoge）創下的，他以不到兩小時兩分鐘的時間跑完柏林馬拉松。[12]

縮小焦點法會指引我們如何觀看周遭世界。我們以何種角度看待自己進行的健身、有多有效率的健身，都會因角度的不同而產生變化。這種視覺策略之所以成效甚高，原因就在於人的心智。緊盯目標的人們，運動或健身之所以能更有成效，是因為他們感知的距離，直接影響他們的自信程度，若目標看起來比較近，而不是遙不可及，我們的心態就會鼓舞自己加倍努力去克服難關。

連結未來，提高退休金存款

縮小焦點法也可以用於改善財務健全度，促使我們在心理上更快抵達退休終點線。人們到了退休年齡多半會覺得存款不足，無法過著自己理想的生活。根據聯準會在二〇一七年進行的調查，超過六〇%的美國人不認為或不確定退休存款合乎預期。[13]我們的推測沒有錯。

同一份調查中，聯準會還發現到，有工作的成人中，四分之一的人表示沒存退休基金，也沒做任何一種投資。

不是每個沒退休存款帳戶的人，都有錢到不需要靠別人。實際上，根據二〇一九年美國員工福利研究所（Employee Benefit Research Institute）發表的分析報告，戶長介於三十五至六十五歲的美國家庭當中，超過四〇%預計會在退休時期花光積蓄。[14]這件事實對未婚者的衝擊最大。退休前工資等級最低的單身男性，平均退休存款不到三萬美元，而單身女性則少於十一萬美元。

日後的需求與最終的結果之所以有落差，原因在於很多人太晚才開始想退休金的事。大學畢業生對退休金沒想太多，其實也不能怪他們，背著學貸、拿著平均薪資支付新衣櫃的錢、車貸、持續增長的租金和健保費後，似乎就所剩無幾了。

儘管背著這些財務壓力，理財顧問為什麼還是提倡提早進行退休規畫呢？想想以下的例子，假設保守的年投資報酬率平均是八％，而有人從二十二歲就開始每個月存五百美元，到了六十五歲退休就有超過兩百萬美元。[15]不過，拿著最低薪資卻要另外騰出五百美元存款可能很困難，而把投資計畫延後幾十年，誘惑或許更為吸引人。

與其日後才彌補失去的時間，不如年輕就開始進行，才是更為有利的經驗法則。拜複利所賜，其他所有因素都不變的話，從二十二歲起，每個月存一百美元，到退休時的存款金額，高過於四十二歲才開始每個月存五百美元的人。

就算不是精算師，用簡單的數學也能計算出提早投資的好處，但大家對於提早投資的數據往往還是充耳不聞。

為了更理解為何有存退休金的某些年輕人，存款的金額那麼少，我進行一項非正式的民調，對象是幾個月後即將畢業的大學生，他們是我的學生，全都有在賺錢支付學費和帳單。我問他們有沒有在存退休金，六十人當中有五十五人表示沒有。我問他們有多常想到存退休金的事，他們往往回答：「沒有很常。」或「應該一年想個一、兩次吧。」我問他們為什麼，很多人說的話非常類似其中一位學生維多利亞（Victoria）的說法：「將來看起來還很遠。」這樣說也是沒錯啦！

我試著改變他們的觀點，想知道是否能找到方法，讓他們把將來退休的自己與現在的自己，看得更接近、更相關。

如同那些感覺終點線看起來較近的跑者，跑步速度快於覺得終點線遠的跑者，若創造的視覺經驗能把將來拉近，或許就能幫助這些學生加快投資退休金的步調。

於是我拿出學生的大頭照，使用電腦影像軟體，將每張臉孔跟年紀較大的某位名人融合在一起。再為每位學生做一部動畫，呈現目前自己變成將來自己的過程。有些女性看見自己有了美國演員貝蒂・懷特（Betty White）的頭髮和嘴唇，有些女性看見自己有了美國作家瑪雅・安傑盧（Maya Angelou）的眼睛和下顎線。男性則是看著自己變成美國記者丹・拉瑟（Dan Rather）。我認為受試者看見將來的自己，清楚看見自己到了退休年齡的模樣，就會覺得將來不再遙遠。

受試者一看到合成圖的反應多半是感到厭惡、恐怖和驚嚇。伊莉莎白（Elizabeth）看見自己有了貝蒂・懷特的頭髮，呼吸停了一拍，忍不住笑了，說：「那樣好可怕。」

梅麗莎（Marissa）以甜美又輕柔的聲音說：「不會吧！」潔西卡（Jessica）說：「喔！我的天啊，好可怕。」拉圖（Ratul）回頭望向我，說：「其實我覺得自己看起來還不錯。」

我將未來模樣的大頭照發給每位受試者，請他們在白色邊緣寫下期望的退休生活，以及退休時想怎麼度過時間。

這時我問受試者：「現在會不會開始存退休金？」他們全都覺得自己有可能會存。我的課堂專題研究，是奠基於社會心理學者哈爾．赫許菲爾德（Hal Hershfield）進行的實驗。[16]赫許菲爾德發現有另一種方式能讓年輕人認識將來的自己，他將受試者的相片，合成處理成更真實的老人。受試者看見他們四十五年後的相片，表示他們會想把目前薪水的六．二％存起來當退休金，相對地，只看見自己目前相片的人則是存四．四％。

在第二項研究中，赫許菲爾德為大學生製作老年化身，讓大學生們看見自己四十五年後的模樣，還能在虛擬環境中與別人互動。受試者以老年化身行動幾分鐘後，想像自己突然收到一千美元，這時會如何分配一千美元。多少錢要存進支票帳戶？多少錢要用來買高級禮物給特別的人？多少錢要用在來度過有趣又昂貴的假期？多少錢要投資在退休基金？

實驗結果顯示，看見目前化身的學生，平均存下的退休金是八十美元。扮演老年化身的學生，存下的退休金是一百七十二美元，超過前者的兩倍。

美國保德信金融公司（Prudential Financial），根據赫許菲爾德的研究製作一部廣告。一位快樂的年輕人坐在沙發上，與年邁的自己並肩而坐，年老的他是將來的「積蓄接班人」。兩人互相自我介紹，了解彼此的共通點：喜歡同樣的音樂、支持同樣的球隊、有同樣的時尚感，也留著相似的髮型。

基於赫許菲爾德的研究結果，保德信公司認為，鼓勵人們想像自己的積蓄接班人，就會促使自己存下更多錢。保德信公司請優秀的統計團隊預測這個廣告能帶來的效果，根據團隊做出的模型，如果每一位美國人每天存三美元（只要一杯高檔咖啡的錢），整個國家總共會存下四兆三千億美元的退休金。

與未來連結感高，能有效遏止惡習

把自己的將來看成是現在的一部分，做出的選擇就會更合乎我們期望自己朝向的方向。如果專注於將來，遙遠的目標與現在自己所踩的起點線，之間的距離會縮短，更容易做出長期有利於自己的選擇，不會做出目前很開心，長期看來卻讓人痛苦的決定。

短期好處與長期代價間的緊張關係，是青少年難以判斷的，尤其是有犯罪傾向的青少年，因為這個時期對風險評估的認知能力還在發展中，因此可能會選擇現在看似有趣，但將來卻有害的做法。

「往牆壁上噴漆，也許在好幾個小時內都很吸引人、很有趣，但警察去學校逮捕翹課在牆上塗鴉的學生，就不好玩了。」我爸反省他的年少輕狂時，是這樣對我說的。

心理學者哈爾．赫許菲爾德想知道，若學生對將來更有連結感，短期好處與長期代價間的緊張關係是否能因此降低。[17]於是他與同僚跟荷蘭某所高中共同合作進行研究。高中生要在社群網站上交一位新朋友，就是自己。第一組高中生的化身跟目前的自己出奇地神似，留著同樣的髮型、穿著同樣的襯衫、有著同樣的雀斑。另一組高中生的化身是十五年後的自己，眼睛更疲累，膚色更紅潤，眉毛開始變淡，微妙卻明顯的變化，讓每個人的外貌成熟許多。

連續七天，分身會傳訊息給高中生，問今天過得怎麼樣。研究開始前一週與結束後一週，學生會悄悄透露過去一週從事不法行為的頻率。研究團隊會根據學生的答案，算出這段新友誼是否影響了他們的行為。

當高中生跟年邁的自己互動，會覺得與將來自己的連結感加深，不良行為也因此減少。比較不會去做被規定不准做，或做了以後會後悔的事情，甚至表示自己沒那麼常喝酒了，故意去破壞的事件也減少許多。

只要看見將來的自己，就更能察覺到現在與未來間的連結，從而選擇更有生產力的方式去應對世界，明顯的減少不法行為。相反地，高中生跟有著目前樣貌的化身互動後，犯罪頻率反而更加頻繁。

連結將來的自己，不僅能減少青少年的不法行為，也幫助即將畢業的大學生，對將來的自己更有認同感，拖延功課的頻率與連結感不深的大學生相比，也會降低。

有另一項研究顯示，與將來的自己有所連結的人，較不贊同以不道德的協商手法進行商業交易，[18]例如：讓競爭對手遭到解僱、做出讓步卻無意兌現、對競爭對手陳述不實的資訊，以及賄賂以獲取內幕消息等。

並有研究顯示，與將來連結感深的學生中，有將近四分之三較信守專業承諾，會參加先前同意出席的會議，即使自己要付費，仍然保持公平誠實。[19]跟將來的自己有所連結的人，與他人分享資訊的機率超過兩倍，就算會議後收到的報酬少也不改態度。

緊盯獎賞，激勵自己前進

一九五〇年代中期，美國阿拉巴馬州的蒙哥馬利市（Montgomery），公車有種族隔離的規定。搭公車時，黑人必須先在前門付車費，下公車，再從後門上車。前面十個座位給白人坐，後面十個座位給黑人坐，中間十六個座位沒有限制。白人乘客依序由前往後坐，黑人則依序由後往前坐，直到中間座位坐滿。如果在沒有空位的情況下，有黑人上了公車，法律規定他們要站著。白人與黑人坐在同一排是違法的，所以如果有其他的白人上了公車，最前面那排的黑人全都要站起來，騰出新的一排給白人坐。

一九五五年十二月一日，羅莎・帕克斯（Rosa Parks）坐在中間第一排，這是法律允許黑人坐的區域。當時她前面幾排都坐滿了人，剛好有一位白人男性上車，公車司機請帕克斯起身讓座，但她沒有照做，最後因違反市政條例，且未服從公車司機的座位分配，遭到逮捕，罰款十美元和四美元的訴訟費。這件事也啟發美國人起身捍衛公民權。

一九五六年，有將近十二個月，近四萬名非裔美國人拒搭蒙哥馬利市的公車。

蒙哥馬利市公共運輸的經濟結構，以非裔美國人占比最高，約占公車乘客與收入基礎的四分之三，因此拒搭行動嚴重影響公共運輸的經濟結構。拒搭公車者籌畫汽車共乘活動，由有私家汽車的人載別人上下班或前往市區。

市政府迫使多家保險公司，要求撤回用私家車從事共乘的主事者保單，幾位杯葛的主事者，透過國際公司拿到新保單，繼續從事汽車共乘。黑人司機起初每跑一趟只跟乘客收十美分，相當於公車票錢，所以市政府官員下令，對車資不到四十五美分的計程車處以罰款。美國各地教會收集新鞋，以替換蒙哥馬利的黑人市民穿壞的舊鞋。

黑人們的舉動，招致報復行動，公民權領袖的住處與黑人教會，遭投擲燃燒彈，參與杯葛的人士皆遭到襲擊，以及九十位公民權與社群權領袖（包括馬丁・路德・金恩博士）被控密謀妨礙生意，金恩入獄。

同年，公民權行動派人士愛麗絲・懷恩（Alice Wine），寫下了啟發美國的歌詞。[20]

懷恩住在南卡的約翰島（Johns Island），為第一屆選民教育學校畢業生，郡政府規定市民必須通過考試才能投票，因此選民教育學校，是負責教導非裔美國人通過選民考試。懷恩在學校學習登記選票的方式，以及當票箱遭受抨擊時，如何以非暴力方式應對。

懷恩也投入活動，以爭取全體市民加入美國民主行列，並根據聖經金句和傳統民謠曲調，寫下好幾首詩。她關注的議題是克服壓迫，儘管面臨重重阻礙且要辛苦奮鬥，仍不屈不撓：

我把手放在福音犁上
我不會踏上別的旅程
緊盯獎賞不放，堅持啊堅持
堅持啊堅持
緊盯獎賞不放，堅持啊堅持

南卡的運動人士唱著這首歌。密西西比州的自由乘車運動員，在移動的路上哼唱著這首歌，不論是從傑克遜市（Jackson）前往帕奇曼監獄（Parchman）的路上，還是前往阿伯尼監獄（Albany）的路上，這首歌都伴隨著他們。一九五八年的新港爵士音樂節，瑪哈莉雅・傑克森（Mahalia Jackson）和艾靈頓公爵（Duke Ellington）分別表演了這首歌。這首歌在全國性的舞台上發光。

愛麗絲・懷恩的詩作啟發了人們在日後不斷爭取正義。歌詞面世六十多年後，啟發了現在的我們。儘管面臨重重難關阻礙，我們還是可以保持專注力。我們的將來看似遙不可及，卻又是我們此時此處的一部分。我們可以緊盯獎賞不放。

第3章

計畫沒有模糊的空間，必須具體化

如果你身在倫敦，當你出外用餐，或者前往喜愛料理的英國朋友家中用餐，就要準備好迎戰全英式早餐，眼前的佳餚往往是油炸料理，按照禮節是鼓勵人消耗掉香腸、馬鈴薯泥、雞蛋、蘑菇、番茄片、焗豆、麵包、豬血腸。以早餐來說，這樣的菜色可以說是放縱，但要是少了兩、三樣食材，就等於失去英式早餐的精髓，只是普通的肉和馬鈴薯，或雞蛋搭配吐司罷了，不是道地的英式早餐。這些食材，不足以稱得上是英式早餐，因為英式早餐的目的是讓人有飽足感。

當我們踏上做大事的旅程，只要做了萬全的準備，為自己規畫的路線就會是成效最高的。船長不會只用大頭針在地圖上標出目的地，就逕自跨越海洋。在揚帆出航前，船長會通盤考量所有會影響航程的因素，例如：速度、風、洋流、潮汐、水深、危險和路標等。廚師不會只是把一大盤食物放在櫃台上，就聲稱自己已經供應全英式早餐，要先備料，考量各色材料的飲食金字塔。

同理，只要在踏上旅程前，做好完整且充分的準備，達成目標的機率就會隨之增加。我們必須像準備全英式早餐般，擬定詳盡計畫。

第一步：標出目的地

制定詳盡計畫的第一步，要找出自己最終想要抵達何處。我們就跟在廚房、在海上工作的人一樣，要在出餐前準備好食材，要在揚帆出發前先標出目的地，就能因此從中獲益。

「找出旅程的終點」，也許能以更為常見的形式說明，不是餐廳裡掛著的菜單，也不是船舵後方掛著的航海圖。對世界各地數以百萬計的人們而言，激勵你前進的圖像，並不會一開始就出現在顯眼的地方。

近來有一本翻譯五十種語言，銷量達三千多萬本的熱門心靈勵志書，建議大家在設法實現願望清單時，應採取製作願景板的方式。[1]

你一定看過願景板，也可能早已做過願景板。要製作願景板，就要把你想成為的模樣、你想達到的成就、你心目中的成功，多張圖像拼貼在一起，像是剪貼簿裡的一頁，整體圖像要能代表你崇高的夢想。接著，把願景板掛在每天都看得到的地方。

因為大家覺得願景板有效，因此願景板十分熱門。前陣子，我訪問了將近一千人，範圍遍及五十二個國家，年齡介於十六歲至六十九歲。受訪者中約五成表示他們做過願景板，三分之二表示他們認識的朋友、同事、家人或熟人做過願景板。

該項調查的受訪者當中，有超過九〇％的人，對願景板持正向看法，認為在思考重要人生目標時，願景板具備激勵及啟發作用。超過九〇％的受訪者表示，願景板對於完成心目中的重要目標是有幫助的。

我手機裡的相片資料夾看起來有點像願景板，裡面有很多張我坐在爵士鼓後面的照片。馬提坐在我的腳邊，握著他自己的鼓棒，敲打著大鼓，頭上還戴著圓點圖樣的耳罩式耳機，當作特大號耳塞來使用。

在名人的推廣下，願景板的觀點逐漸流行。最著名的例子就是美國明星艾倫．狄珍妮，她曾經連續好幾個月表明想登上歐普拉的《O：歐普拉雜誌》（*O, The Oprah Magazine*）封面。[2]她為了這項目標製作願景板，讓自己和觀眾都記得。狄珍妮將自己和歐普拉的相片，修圖成兩人穿著比基尼，坐在沙灘和花花公子豪宅（Playboy Mansion）。她想像中的耶誕版雜誌封面，是她和歐普拉坐在耶誕老人的大腿上，抱著一個正在尖叫的孩子。她把自己放在歐普拉和曾經登上《O》雜誌封面的前美國第一夫人蜜雪兒．歐巴馬的中間。夢想很真切，狄珍妮拼貼出的畫面也很真實。

歐普拉聽說了狄珍妮的夢想和合成照，表示：「艾倫．狄珍妮能讓夢想成真。她決心要登上《O》雜誌封面，就會全力以赴。這做法很有效，今年十二月，我會跟這位敬佩的女性一起登上封面，這是《O》雜誌史上的第二次。」

二〇一六年，加拿大多倫多道明銀行（TD銀行）針對是否使用願景板，向五百位小型企業主進行訪查。[3]超過四分之三的企業主表示，有了願景板，員工就會確切得知公司的目標，立志在五年後要到達的位置。

受訪者中，千禧世代表明自己會使用願景板的可能性最大，因為千禧世代成長的時期，常使用圖像來訴說生活中的故事，並且隨時利用數位與社群媒體平台，來幫助自己訴說故事。

將近六〇%的人會使用願景板決定是否創業。將近九〇%的人會使用願景板擬定業務計畫。

不過，除此之外還有什麼好處嗎？根據調查結果，在確立公司目標時，使用圖像的人，對自身達標能力的信心程度，是不使用圖像的兩倍。

製作願景板能想像出自己要抵達的地點，也會對自己抵達該處的能力更有自信。願景板或啟發人心的圖像，相當於正式確立我們許下的志向，讓我們堅信自己的能力。

願景板運用明確的圖像，呈現個人的希望與夢想，是具體化的一種工具。

目標具體化應用的領域，不只是財務決策，闡明的方向也不只是公司日後想達到的成長。其實在生活中，人們很常使用類似願景板的工具來幫助自己。到超市採購時，我們不會一邊走著，一邊仰賴自己對冰箱和食品儲藏櫃的記憶，決定要買什麼，而是寫下購物清單，這就是具體化。擬定家務清單，要小孩在出門玩之前必須完成，這就是具體化。在鏡子上貼著便利貼，提醒自己要善待自己，或提醒自己要倒垃圾，這也是具體化。收拾度假時的行李，或協調辦公室的工作團隊時，會擬定檢查清單，並劃掉清單上的項目，這也是具體化的一種。

具體化的做法可以避開會阻擋我們跨越終點線的障礙。

我期望成為擁有一首名曲的樂手，但我的音樂旅程要從毫無實力的新手開始。經過仔細思考後，第一個念頭就是在爵士鼓周圍的牆壁，掛上啟發數個世代的傳奇樂手相片。我這輩子從來沒有在牆上貼滿樂團海報或票根，展現出粉絲的樣子。我心想，現在怎麼不去試一試呢？於是我將幾年前我爸媽買給彼得的耶誕禮物，加拿大搖滾樂團匆促樂團（Rush）的海報裱好框，掛在牆上。彼得和我喜歡的樂手相片，還有我們看過約一百張表演的票根，也同樣展示在牆上。

去除目標裡的模糊地帶

除非我們是艾倫・狄珍妮，跟歐普拉是朋友，否則要獲得成功，僅用願景板具體呈現目標是不夠的，還必須跨出一大步。

TD銀行調查的小型企業主，因為使用願景板而有了信心。有信心是好事，但真正的關鍵是，成功的可能性能否在這樣的信心下有所提高。願景板是否有助於讓我們找到一條實際途徑，得以往前邁進、達成目標？我不由得想：「在客廳的牆上掛滿搖滾名人相片，就能成為鼓手嗎？」

說來可惜，僅想像將來的成功，不一定能獲得成功。打造理想未來的畫面，通常不足以實踐夢想。

我當時的同事海瑟・貝瑞・卡培斯（Heather Barry Kappes）帶領的研究找出了箇中原因。[4]她請受試者想像達到健康目標後，自己會有的樣貌，在受試者做白日夢時，測量他們身體的生理變化，發現受試者的心跳率與血壓，在想像期間會降低，還沒真正開始，身體就先顯示放棄的跡象。

受試者的反應就如同打瞌睡，心想著克服艱困難關（例如：減重、終於升職）後感覺有多棒，彷彿是實際在心理上品嘗和間接體驗到成功的滋味，不自覺地感到自滿，還沒真正開始，身體便逐漸懶散。

我有親身經驗過，我用大頭釘把激勵自己的搖滾鼓手海報釘在牆上，下一步坐下來打鼓。我在腦海裡對著自己說：「就去做吧！」不過，我很快就失敗了，甚至還沒燃起心中熱火。

我問彼得能不能當我第一位且唯一的打鼓老師。我很自然地選他當老師，有幾項原因，其中一項，如果我沒記錯的話，他結婚時發過誓：「無論境遇是好是壞。」他當年許下的諾言，此刻即將面臨真正的考驗。

他教我的第一堂課相當簡單，主要是講解基本技巧。他說：「小鼓要在兩腿之間，每個小節的弱起拍、第二拍、第四拍都要敲打，打出巨大又銳利的聲響。把腳踏鈸拉近一點，右臂朝左，就能打到。」

我停頓了一會，才猜出他指的是我左邊的一對鈸。它們裝在支架上，是複雜的討厭鬼，像兩個飛碟一上一下停留在空中，用鼓棒敲打，會發出清脆的撞擊聲，踩住左腳下的腳踏板，兩個鈸就會閉上，原本鳴響的嘶嘶聲就會中斷。

接著是大鼓，亦稱踢鼓（Kick Drum），不是直接踢鼓，這是我付出慘痛代價才學到的教訓，第一次嘗試時，差點從椅子上摔下來。爵士鼓中，大鼓是體積最大的鼓，鼓面大，往往會當作廣告使用。舉例來說，假如你參加一九六四年披頭四的演唱會，但不知怎的突然忘了自己身在何處，那就看鼓手林哥（Ringo）的大鼓吧！上面有英國國旗和 Fab Four 標誌。

當右腳輕踏大鼓踏板，就會發出強烈的咚咚聲，有如歌曲的心跳。

爵士鼓上還可以另外加配件，擴充規模並增添個人風格。我沒有自己的風格，不論是打擊樂器或其他方面，所以就決定沿用彼得已經有的配件。

右側是定音鈸，鼓棒前端一碰觸，就會發出明顯的叮聲，讓拍子變得鮮明。水鈸（Splash Cymbal）和碎音鈸（Crash Cymbal）發出的聲響如同各自的英文名稱，用來標示副歌的開端和結尾。

中鼓位於小鼓的上方，情緒高昂的鼓手，能精準地打擊拍子，用由小至大排列的鼓皮和鼓身，填滿且點綴拍子。最左側的旋轉鼓，對我來說仍是裝飾品，還未獲得充分賞識，有如感恩節大餐的生菜沙拉。旋轉鼓通常比較適合拉丁音樂，對我而言太遙遠了，還用不到。

我拿著鼓棒，在握鼓棒的方法上面臨抉擇。鼓棒的握法有傳統式握法、法式或德式握法，與美式握法。

傳統式是用握筆的方式支撐鼓棒，讓鼓棒彷彿從手臂延伸出去，感覺像是在握筆的同時伸出手握手。法式或德式握法，就不會展示手掌。

握法的選擇，端看我想不想展示手掌，但前述握法我都不想用。儘管從來不覺得自己特別有愛國心，最後卻還是採用美式握法。雙手呈四十五度角，就能用手腕的力道打出響亮的鼓聲，手指也能精準控制敲打的位置，說不定能打出兼具優雅與震撼的鼓音。這兩項特質我尚未展現出來。

我與鼓彼此熟悉以後，兩者中勢必要有一方跨出第一步，那顯然是我，不是鼓。但我沒辦法振作起來打出任何聲音。我呼吸困難，動也不動。接下來的步驟壓得我喘不過氣，甚至搞不清楚自己到底想怎麼做。我握著鼓棒，沒打任何一面鼓，望著彼得，起身，然後走開了。

我在第一堂課中了解到，即使在心中修圖，把我的腦袋接在英國搖滾樂團鼓手凱思・穆恩（Keith Moon）的身體上，將這張修好的相片，釘在我想像中的名人牆上，我的鼓手夢還是無法化為現實。就算在平視的高度，釘上一張汗水淋漓的加拿大搖滾樂團相片，只盯著相片裡的鼓手看，夢想也無法化為現實。我把相片、海報放在絕佳的位置做出願景板，對於朝目標前進，沒有太多幫助。

到底是為什麼呢？

當社會心理學家有兩個缺點。

第一個缺點，大家不知道社會心理學家是做什麼的，在派對上問了我的職業，還以為我是「臨床」心理學家，立刻閉緊嘴巴或者轉身離去，深怕我會讀出他們心裡在想什麼，擔心我知道他們其實不喜歡自己的母親。其實我做不到，也不會去做。

第二項缺點，大家試著用在自己身上的把戲，我很容易就會看穿，成效也往往低落。所以我反思第一堂打鼓課為什麼失敗，多少還是知道箇中原因：對於「學習用鼓打出一首歌」的真正定義，我有意打迷糊仗。我知道自己在鑽漏洞，設法不去負責任，如果永遠無法真正學會用鼓打出那首歌，還有個藉口可說。

不過，當社會心理學家起碼有一個優點：確切知道給自己什麼建議是最有效的。我需要對「成功」訂下明確的定義，並且找出決定性的一刻，日後回顧時可以說：「我就是在那一刻知道自己辦到了。」也就是說，我需要別人聽見我、需要聽眾、需要計算多少人的衣服上面印著我的臉。因此我決定舉辦派對，邀請所有鄰居參與。

我寄出邀請函公開宣告，預告主要的活動：我會單獨表演打鼓秀。公開宣告後，就不能輕易反悔了。

賓客名單中有些人是我之前就見過的，但有很多人是完全沒有接觸過的陌生人。有些人跟我說，他們有聽見我練鼓的聲音，但沒有任何一個人說：「聽起來很厲害！」某些人跟我之間的關係是八竿子打不著，所以他們也沒有責任義務要讓我感覺好過。

我知道鄰居中有個人是貝斯手，還是死之華（Grateful Dead）搖滾樂團的元老粉絲。還有位鄰居把自家客廳大部分的空間布置成演出場地，朋友可以跟他一起即興演奏。另一位鄰居是某個團體的歌手，是團體主動邀請她試鏡加入的。這些人都是專業的音樂人，他們會確切檢視我是否達標。

排除「成功」定義中模糊不清的地方，並且確立最後審判日，為高成效的一門技巧，因為這樣就沒有打迷糊仗的空間，必須具體化。

運用這技巧的絕佳案例，是保持世界紀錄的泳將加里．霍爾（Gary Hall），他為了成功，設想出明確的計畫，最後受到高度的讚揚。一九六九年與一九七〇年，霍爾獲《游泳世界》（*Swimming World*）雜誌選為年度游泳選手。一九七六年，美國全體奧運選手都選擇由霍爾高舉美國國旗，帶領奧運隊走進蒙特婁開幕式，美國泳將中唯有他獲得這份殊榮。不過，在獲得一切榮譽之前，他不過是泳池裡的一個孩子，用訓練浮板練習游泳。

我十六歲的時候，教練為了訓練我，讓我有能力首次參加奧運賽，就把目標時間全都寫在每天練習用的訓練浮板上，我沒辦法不去看那些目標時間。依照計畫進行後，我進了奧運隊。

霍爾的訓練浮板與狄珍妮的願景板，兩者的差別在於想像的目標。霍爾和教練沒有畫出金牌的樣子，而是寫下完賽時間和每一階段的時間，清楚又具體地呈現了霍爾想達到的程度，最重要的是，為求成長，兩人都擬定明確的行動計畫，把計畫放在他每天都能看得到的地方。

第二步：具體呈現明確的行動計畫

霍爾的出色成就，當然不只是訓練浮板和防水馬克筆帶來的，而是一直不斷地練習、練習、再練習。他也不是隨意為之，而是遵循一套精心設計的訓練法，讓寫著目標的訓練浮板，放在他觸手可及和視線所及之處。

制定詳盡計畫的下一步，就是呈現具體明確的行動計畫。要盡早出現令人振奮的實質進展，必須在明白確定的目的地後，立刻往前邁進。當然，**要落實的不只是訂下自己的目的地，抵達該地的方法也必須確實落實**。

霍爾採取特定的步驟，使自己從練習池前進奧運池，他的準備過程有別於他人。根據加大洛杉磯分校心理學者雪莉・泰勒（Shelley E. Taylor）的研究發現，是否具體呈現行動計畫，會造成如蝌蚪與鯊魚般的差距，區分出新手與專家。[5]

一九九〇年代晚期，泰勒及其團隊以準備第一次期中考、感到焦慮不安的大學生為對象進行研究。在期中考前一週，研究人員會聯絡每位學生，給予確切的指示，這些指示會影響到學生的表現。

隨機挑選一些學生，他們會收到具體呈現行動計畫的指示。為了獲得想要的分數，學生們要想像自己會採取哪些明確的步驟來準備考試。像是：想像自己在書，花好幾個小時努力複習課堂教材。把正在讀書的畫面牢記在腦海裡。研究人員會提醒他們想像自己坐在桌前或床上，讀著考試內容並複習課堂筆記。在期中考前，學生每天都要練習這種想像技巧。

其他學生會收到具體呈現目標的指示，像是之前提到的願景板。他們想像著自己達到理想的結果，與拿到高分的畫面。研究人員請他們想像：屏住呼吸，站在張貼期中考成績的玻璃櫃前，水平移動視線，找出自己的分數。當發現自己拿到想要的分數，開心地露出微笑，覺得有自信又得意。在期中考前，這些學生會每天練習這種想像法。

期中考前夕，研究人員會打電話給所有的學生，問大家讀書讀了幾個小時？什麼時候開始讀書？各章內容和課堂筆記複習了幾遍？

泰勒和同事們發現，具體呈現行動計畫的學生們，回報的內容顯示他們的執行效率最高。這些學生會提早開始讀書，花更多時數準備期中考。為了得到滿足的成果，他們比較會按部就班地做準備，繼而造就豐碩的成果。另一組想像理想結果的學生，並沒有獲得相同的好表現，成績反而還遠低於全班平均分數。

研究顯示，相較於是否具體呈現理想結果，具體呈現計畫，對於學生的成績，有很大的影響力。即使所有學生都說自己具有讀書的動力，但毫無計畫的學生其實並未付諸行動。想像學業成績雖能激勵人心，卻無法把渴望化為任何一種有效的行動，但是達到目標的學生們，在想像的畫面中納入可行的步驟，便能引導他們邁向目的地。

同樣的原則也適用於投票率的催升。根據美國政治響應中心（The Center for Responsive Politics）的估算，二〇〇八年美國總統和國會選舉的候選人，總計花費高達五十三億美元，是截至當時支出最高的選舉。[6]

人們總是十分希望這些錢花得值得，因此選民前往投票所，踴躍投票。結果如何，事關重大。[7]

社會學者陶德・羅傑斯（Todd Rogers）和大衛・尼克森（David Nickerson），於二〇〇八年民主黨初選的最後階段，追蹤賓州近三十萬居民，詢問人們是否貫徹了原本要去投票的打算？基於什麼因素沒去投票所？研究團隊將選民分成三組，打電話給第一組選民時，會採用典型的動員投票說詞，提醒準選民，選舉要到了、鼓勵投票，並詢問對方是否有投票的打算。

第二組選民聽到的說詞，也是同樣的內容，但研究人員會鼓勵他們談論初選日的明確計畫。研究人員會提出以下問題：

1. 預計什麼時候投票？
2. 要從哪裡出發？
3. 投票前會做什麼？

第三組選民不會接到電話。

研究人員分析公開投票紀錄，發現沒收到來電的選民當中，約有四三％在該次選舉投了票。收到典型動員投票來電的第一組選民，投票率高出二％。與沒收到來電的選民相比，具體呈現明確行動計畫的第二組選民，投票率上升四％以上。

在動員投票電話中多問三個簡單的問題，效果竟然超過兩倍。雖然四％或許看起來差距不大，但在二〇〇八年民主黨初選時，希拉蕊·柯林頓和歐巴馬的普選票，總票數差距不到一％。

第三步：預先想像失敗

想像時，除了要想著勝利時刻的畫面，也需要具體呈現贏得勝利時必做的事項，就能掌握人生的待辦清單，邁向目標。然而，具體呈現目標要有效果，腦海中的想像準備作業必須更完整。

為了成為成功的自己，去想像一路上必做的步驟，確實可以帶來幫助，但我們選擇的步驟，也許不是最合適的，我們可能不清楚自己該做什麼或該怎麼做，在努力邁向目的地時，一路跌跌撞撞。在走向巔峰的路上，自己也有可能會犯錯，因此制定詳盡計畫的第三步，就是必須預先想像失敗的情況。

接受失敗的可能性，已逐漸成為世界各地公司文化的一部分。[8]總部位於印度孟買的多國控股公司塔塔集團（Tata Group），設有勇於嘗試獎，表揚大膽嘗試創新卻失敗的員工。該獎項成立後，五年之內，報名獎項的員工人數成長超過七倍。

熱門遊戲《部落衝突》（Clash of clans）的幕後推手超級細胞公司（Supercell），每當製作的遊戲失敗了，就會開一瓶香檳。

寶僑公司（Procter & Gamble）每年都會頒發「英勇失敗獎」。紐約的葛瑞廣告（Grey Advertising）公司也設立同樣獎項，二〇一〇年，該公司替金融公司E*TRADE製作廣告，廣告中有個會講話的嬰兒說：「琳賽・蘿涵（Lindsay Lohan）會酗牛奶。」E*TRADE遭美國明星琳賽・蘿涵控告，求償一億美元，但公司卻將與此事件相關的創意團隊成員姓名，刻在公司的獎盃上。

這些作法都不是單純、可愛的表現，而是代表著公司預期會失敗，也接納失敗的存在，將失敗納為公司獲得成功而採行的其中一種策略。公司文化若能去除失敗的汙名，等同於允許員工和團隊從失敗中學習。要能有所發現和進步，就要學到哪些做法沒用、哪些做法有用。

Google的X實驗室，之所以能創造出他人心目中難如登月的產品，其中一項原因，便是鼓勵員工對錯誤心懷感激，甚至是重大錯誤。

X是二〇一〇年設立的祕密研發機構，發明多項先鋒產品，例如：無人汽車、可監控糖尿病的隱形眼鏡等。在X機構，團隊成員發現專案有重大缺陷就會終止專案，在會議中介紹失敗產品，同事和主管會鼓掌喝采。根據X的獎勵制度，這類團隊會獲得獎金，還可能會贏得幾個月的空閒時間，以構思下一個專案。

一年間，X機構投資過卻終止的想法，超過一百個，有一項終止的專案，還是三十人的團隊歷經兩年的心血。

X、寶僑、葛瑞廣告和塔塔的公司文化之所以成效顯著，並不是因為他們計畫要失敗，而是他們把失敗看得很平常。公司預先考量到失敗的可能性，讓員工不覺得犯錯很可恥，在失敗前就先擬好應急計畫。

若允許自己和他人預先想像失敗的情況，就可以事先考量到一路上會經歷的阻礙，並且提前擬好計畫，以利直接處理問題。

如果自己身陷流沙中、正在逃離殺人蜂，或在加拿大洛磯山脈跟灰熊大眼瞪小眼，在這種時機，大家可能都會覺得不適合上網搜尋方法。而我們前往目標時，也是同樣的道理。如果因資源稀少、時間不夠、沒進度導致心煩意亂，或是努力要達成的目標很複雜，陷入困境，這時再匆忙試圖解決問題，也許不是理想的做法。換句話說，淹沒在麻煩之海時，開始找救生工具已經為時已晚，在下水前知道救生工具的位置，是比較理想的情況。

預想失敗成就成功

以查理．蒙格（Charlie Munger）為例，你也許聽過他的名字，也可能知道他的故事，不過你可能不知道，他與人共同創立波克夏海瑟威（Berkshire Hathaway）公司，他在這間公司擔任副董事長數十年。這間公司之所以能成為金融帝國，是因為他改良找錯的技巧，即使是他自己擬定的最佳計畫，也能從中找出錯誤。他可說是撰寫了預先想像失敗情況的書。

蒙格大學時期攻讀數學，在學習的過程中，發現自己最喜歡物理學，因此還沒完成學業就離開大學，成了大學肄業生。二戰爆發後，他擔任美國陸軍的氣象師，服完兵役後攻讀法律，表現相當優異。他沒有完成大學教育，卻進入哈佛法學院，並以優異的成績畢業。

他的成就不在於科學或法律研究，而是金融領域，但他從來沒修過商業、經濟或會計等相關課程。

大家或許比較熟悉他的友人與商業夥伴巴菲特（Warren Buffett），巴菲特就算沒享有「世界首富」的稱號，也經常競逐這個稱號。根據《富比士》雜誌發布的美國頂尖上市公司榜單，截至二〇一八年，波克夏海瑟威公司在營收、利潤、資產和市值方面，堪稱與Apple不相上下。過去三十年，波克夏公司在巴菲特與蒙格的領導下，股價上升超過四〇〇〇%，表現超過同時期標準普爾五百指數（S&P 500 Index）的六倍，這些都還沒計入股利。

很多人寫過巴菲特的事蹟，並讀過他倡議贈與誓言（Giving Pledge）活動的故事，鼓勵世界各地的超級富豪，在去世之前捐贈至少一半的財產（他承諾要捐贈九九%的財富，這承諾也即將實現）。

巴菲特住在內布拉斯加州奧馬哈（Omaha），一處簡樸的牧場式住所（說來湊巧，距離我的故鄉只有幾公里遠）。他每天早上用價格低於星巴克一杯咖啡的錢吃麥當勞早餐。巴菲特還買下當地一家即將破產的冰淇淋店，當比爾．蓋茲來訪時，會帶他去吃那家店的冰淇淋。

同樣是波克夏海瑟威公司的領導人，查理．蒙格獲得的關注較少，為什麼呢？他比巴菲特還要低調，是自願使然。在公司的年度股東大會上，大家通常會向坐在他右邊的董事長提問，問到蒙格時，他最常回答：「我沒有要補充的。」

雖是如此，蒙格在其他地方的發言，卻展現出莫大的價值。他沒受過正規的商業訓練，卻能累積如此驚人的財富，共同創立的公司在全球獲利堪稱數一數二，很多人都想知道祕訣。

蒙格基本上是透過自學，在他早年擔任律師時，就決定要投資在自己身上。當時，蒙格向客戶收取的費用是一小時二十美元，決定每天騰出一小時給自己，用來大量閱讀各種資訊。

他說，很多人把他的成就歸因於才能，但他在這過程中獲得的不是才能，而是理解到，自己需要學的還有很多。在《華爾街日報》記者傑森・茲威格（Jason Zweig）的訪談中，蒙格說：「知道自己不知道的事情，比表現出色還要更有用。」

蒙格表示，他這輩子都沒有為了要變聰明而努力，而是努力找出自身思維的疏漏。他解釋說：「要努力達到那個目標，難度太高、代價太大。」他接著說：「我對人類的誤判很有興趣，我犯下的誤判很多，可是我不覺得那全都是自己造成的。有好幾個原因，其中之一是，我離開哈佛法學院後十分茫然，所以我努力去彌補這點。」

數十年間，蒙格從閱讀的內容、遇過的人、市場上看見的情況、投資中看到的狀況與他人對他的教導，多種經驗中累積了知識和智慧。

他閱讀歷史紀錄，了解美國憲法的創立，是經歷何種組織動力與過程，建國元勳如何就政府體制原則取得共識。他以獲利最高的煉油廠執行長為對象，針對他們採用的溝通策略進行個案研究。還研究匿名戒酒會的動機原則、機師訓練、醫學院的臨床指示。

他留意到人們在判斷的時候，**理性與非理性會影響到人生所有層面的成敗**。他吸收這些資訊，制定行為經濟學的體系，在當時該領域還不是一門學科。

一九九五年，蒙格在哈佛大學發表演說，演講廳擠滿聽眾，遠超過容納人數。對多數出席聽眾而言，這個場合可說是最接近金融天才的機會。蒙格在演講中首次正式闡述，當他要做出足以左右波克夏海瑟威歷史的重大決定時，心裡有哪些想法。終歸到底就是檢查清單的重要性，他會擬定清單，幫助自己預先想像失敗的情況。

蒙格說明他是怎麼從對自己擬的預定計畫中找出問題。他會重複翻看計畫，從所有角度詳細審視，並找出計畫的弱點與缺點，設法判斷該計畫行不通的因素。

在過程中他也意識到，自己察覺潛在缺點的能力還不可靠，無法客觀評估自己打造的計畫，因此為了克服這點，他會以他所制定的「人類誤判二十四項標準成因」為基準檢驗計畫，那也是他的檢查清單。

他解釋，在心理否認的狀態下，人們對資訊來源可信度的判斷力就會受到影響。他還表示，人做出輕率的決定，通常是建立於有所作為，而不是沒有動作，最終也證明那是錯誤的決定。演講中，他也解釋影響到人類選擇成效的其餘因素，包含：人們牢記在心裡的各種關係與關聯、無法擺脫的過度樂觀態度，以及互利互惠的需求等。

聽眾們靜靜坐著聆聽六十多分鐘，只有當蒙格說笑、活躍氣氛時，才發出笑聲。在演講的結尾，蒙格開放聽眾提問，第一位提問的聽眾開口第一句話就是：「我們可不可以拿到二十四項清單？」蒙格回答：「可以，我就知道會有人好奇。」

蒙格在哈佛發表的演說有深遠的影響，他將數十年研究彙整而成的知識，藉由演講公開發表。

蒙格發表第一份檢查清單後，[9]就開始著手撰寫《窮查理的普通常識》，他是這本書的共同作者，內容將他擬的認知偏見清單，濃縮成十項要點指南。

蒙格構思人類行為理論已久，他將其中的精華應用在事業上，打造出明確的產品，以視覺表現的形式，呈現他擬定的認知偏見，並整理成檢查清單，依據清單來評估他自己制定的計畫。

菁英運動員預想失敗更新世界紀錄

麥可・菲爾普斯（Michael Phelps）是史上獲得最多奧運獎牌的運動員。菲爾普斯也有著如蒙格會有的稱號：壞事預言者，預先想像失敗是他的例行公事。

二〇〇八年的北京奧運，菲爾普斯站在創造歷史的大門前，他贏得七面金牌，只要能在兩百公尺賽奪得金牌，就能成為史上單屆奧運獲獎最多的運動員。[10] 兩百公尺賽開始，當他跳進水中泳鏡進水，奮力游到一百五十公尺處，泳鏡裡幾乎被水填滿，他看不到前方，卻絲毫不慌張。

一直以來，他習慣在腦中設想自己可能會碰到的阻礙，所以早就準備好應對意外事件。針對所有計畫，任何一個可能會出問題的地方，都已先在腦中打造出生動、明確且確實的畫面，具體呈現每一個失敗的可能性。根據這些設想，再進一步構思出解決辦法。

在奧運比賽時，他冷靜轉移注意力，專心計算划水次數，因為他知道在兩百公尺中，自己需要划水多少次，能快速又有效抵達泳池另一端。

他練習過想像成功的技巧，也有辦法突破重大阻礙，所以即使奧運賽發生突發事件，也知道該怎麼應對。賽後他也順利贏得那年的第八面金牌。之後還另外拿下十五面金牌。

將阻礙與解決辦法具體化，不僅對菁英運動員有幫助，科學家發現，若是人們將方法運用在日常例行公事，最後達到的成就，一定會勝過預定的目標。

芝加哥大學與科隆大學的心理學者們進行一項研究。[11]將一百一十位受試者的手機提醒設定成一天四次，並為期一週。

每次手機發出提示，受試者要輸入一段文字，說明當天想完成的一件事。受試者們一天的時間分配，三分之一會分配給有趣的事，例如：讀一本書。四分之一運用在學校或工作上，另外四分之一，是跟個人健康和健身有關，其餘的時間，可以分配給感情、理財、心靈健康、行動主義或其他的追求。

研究人員會請受試者思考幾個問題：

1. 有哪些因素會讓自己更難達到目標？
2. 採取何種方式也許能克服難關？

透過這些問題，提醒受試者要預先考量阻礙，並事先想出解決辦法。

晚上，受試者會記錄當天要追求的目標是否有達成，覺得自己有多快樂。其他時候，受試者會列出自己正在努力的目標，但研究人員後續不會提醒他們，要對目標進行全面的規畫。

若是難以達成的目標，只要考量當中的難關，並規畫解決辦法，在目標上的進展就能超過五〇%。相對於受試者聲明目標，後續沒收到研究人員的提醒，事先透過反思提問，架構出解決方案的受試者，目標明顯有進展。此外，受試者若預先考量到難關與解決辦法，當天的快樂程度就會高出許多。**具體呈現障礙並規畫處理方法，能有效改善生產力與心情**。

當我們預先想像失敗的情況，大腦就會對事件產生不同的反應，就像菲爾普斯做的一樣。

每個人都渴望且設法克服內心恐懼，但有些人做得到，有些人卻無法達成，德國康斯坦茨大學研究人員英潔．賈洛（Inge Gallo）透過實驗調查箇中原因。[12]

她以人們對蜘蛛的恐懼為題進行研究，請恐懼蜘蛛的受試者觀看一系列的相片，有些是看了就開心的相片，例如：美味的食物。有些是日常的物品，例如：電話。這些相片中會不規律地混進蜘蛛的相片。

第一組受試者採用簡單的策略來因應蜘蛛相片，提醒自己：「我不會被嚇到。」將這句話當作目標。另一組受試者則是更進一步，以「不被嚇到」為目標，但是他們也認為此目標很難，因此制定計畫，列出看到蜘蛛相片後的處理方法。這一組受試者計畫的內容很基本，就是「假裝沒看到」，這個處理方法，看似只是做出細微的改變，採取視而不見的小動作，卻能產生莫大的影響。

受試者若能預先考量到難關，並規畫出處理方法，實際遇到時的經驗就不會太糟糕。

賈洛請受試者戴上電極帽，採用腦電圖記錄法，研究受試者看到相片時，大腦的反應情況。在大腦裡，人的視覺皮質負責處理經由眼睛傳入的資訊，賈洛會測量視覺皮質傳出的電子信號。她發現，若受試者的目標是壓抑恐懼，從大腦活動來看，如同未制定目標的人在看相片。若受試者想像了明確的計畫，並預先想像失敗的情況，在看見蜘蛛的十分之一秒內，視覺皮質的活動會降低。也就是說，事先規畫自己的反應，可以引發適應型的盲目，大腦視覺皮質的回應，有如蜘蛛真的不存在、自己真的沒看到。當受試者真正碰到蜘蛛時，就不會那麼害怕。

具體呈現目標、規畫實際行動與設想突發狀況，也有利於人們在獲得成功後不退步。明尼蘇達大學研究心理學者崔西・曼恩（Traci Mann）針對減重飲食有無長期成效進行統合分析。[13]曼恩審視了三十多份減重飲食法的研究結果，橫跨二十年的資料，然後提出問題：「達到目標體重的減重者當中，有多少人在五年後還維持體重？」說來可惜，有一個人達到減重目標，就有另外兩個人復胖，而且復胖的重量比減掉的重量還要多。曼恩做出以下結論：減重飲食法，尤其是能成功減重的方法，反而容易產生反效果。

以前面提到的想像與動機來看這種現象，就能理解其中的原因。當人們達到減重目標，感覺達到重大成就，但其實減重目標永遠無法真正達成，因為要維持理想體重，必須持續不斷地努力。就像是要保有健全的信用評等，平常就必須密切注意帳單和資產。要維持穩定的拍子，平常就必須努力練習打鼓，所以我的鼓聲才會聽起來很不穩定，像是飛機上隔壁乘客即將入睡而發出的鼾聲，聽起來斷斷續續，令人抓狂。[14]

若採行三步驟具體化過程，在獲得成功之後，還是能維持進展。

蘇黎世大學的研究人員週復一週持續追蹤受試者體重，結果發現達成一週目標的減重者，認為自己已達成目標，應該要有獎勵，可能會因此減少下週的壓力，前一週減掉的體重也就回來了。

不是每個人都會眼睜睜看著自己的進展消失，因此有些減重者運用三步驟具體化過程，花時間思考要以何種方式達到目標、要克服什麼才能順利減重、要如何克服難關。這些人在減掉體重後，還是能維持體重。

計畫是為了能朝目標而飛

二戰期間，英國飛行員在起飛前，必須確認指南針與高度表已就緒，襟翼已升起，炸彈艙門已關閉，油壓處於適合程度，對講機正常、廣播可運作，炸彈未接保險絲，窗戶乾淨可視，全部儀器皆可運作，還有其他十幾件事項。只要少確認一項，就有可能引發事故。完成所有的檢查作業，保持一切井然有序，飛行員即可發動引擎，向地勤人員示意「起飛」，地勤人員會移走輪胎周圍的輪擋，讓飛行員能駕駛飛機滑行到跑道。

我們針對個人目標而採行的步驟，大多不像戰時飛行員起飛前的例行作業那般攸關生死。然而，那些程序還是跟我們的目標一樣重要。為追求目標而踏上冒險之路，在起飛前先行檢查，可為自己做好邁向成功的準備。

對我來說，事先想像失敗的情況，是理所自然的事。長久以來，我處理大專案或規畫人生大事，都會先想著會出錯的地方，再針對最壞的情況進行準備，所耗費的時間長到我不想承認。

我可以輕易運用這種才能（若可把它稱為才能），找出練習法中，有哪些可能會連累進度。首先，我的工作肯定會導致練習時間縮短，而馬提的小睡時光是我唯一能倚靠的「獨處時間」，除此之外，我騰得出雙手的時候是無法練習的，而且薄牆另一側的鄰居也無意監督我的進展。

除了很難騰出時間，以及缺少隔音的練習空間外，彼得和我也還在努力解決其他狀況。首先，我們的耳朵需要擺脫曼哈頓的工地噪音與響笛，也希望馬提能聞聞花香，不用親眼見到紐約市的老鼠住民。老鼠似乎跟我們有志一同，經常出沒在離我們家最近的遊樂場。

此外，之前去鄉下玩的時候，我們問馬提：「農夫可以在農田裡種植哪些東西？」馬提斷然堅稱：「起司。」一次次都是同樣的回答，所以我們認為需要回到土地。

我們想像出一石二鳥之計來解決困難。我們家族在康乃狄克州有間住所可以使用，增加平常停留在這裡的時間，在週五夜晚搭上火車、離開紐約，週日夜晚回到紐約。每次我們旋風似地去鄉下玩，都會花時間帶馬提去附近的牧場找乳牛，設法解釋牛奶的源頭，發揮創意的潛力。

每個週末，彼得會帶馬提出門到處走走，我就有幾個小時的時間可以練習一、兩回，也不會有鄰居敲打牆壁要我安靜。

我已就能力所及，具體呈現出自己渴望達成的目標。電子郵件邀請函和現在貼在冰箱門上的實體邀請函，不斷提醒我當初設立的目標。我明確勾勒出自己抵達目的地該依循的路線，仔細考量哪些障礙物會擋路（最主要的障礙物，時間和練習空間），還構思出一套繞過阻礙的計畫。起飛翱翔吧！

第4章

光靠紀錄，目標不再雜亂無章

某天晚上，彼得安排了驚喜約會，地點在我們家附近的藍調（Blue Note）爵士俱樂部，我們要欣賞美國爵士鋼琴家麥考伊．泰納（McCoy Tyner）與爵士樂團的表演。通常這種兩人約會，他都會事先告訴我約會的時間、地點和該穿的鞋子種類。

我們請臨時保姆照顧馬提，雖然馬提不認識他，我們也是第一次請臨時保姆，但短短幾小時的自由滋味實在太美好了。

即使俱樂部擠滿聽眾，但我們還是順利坐到平台鋼琴正後方的桌位。樂手演奏出繁複性感的和弦，填滿整個俱樂部，我彷彿可以清楚看見泰納的雙手。現場的樂音雖稱得上傳奇，但最吸引我們目光的，仍是鼓手法蘭西斯柯．梅拉（Francisco Mela）。

他坐在爵士鼓後面，四十九歲的他把紳士帽斜戴在頭上，看起來像是團裡年紀最小的成員。當他專心打鼓，外表就無關緊要，他的氣魄讓全場激動起來，雙手在鼓面上快速移動，抖動的鈸閃著微光，大家只看得到模糊不清的鼓棒。他得心應手的打著鼓，表演的活力令人沉溺其中。

表演結束後，彼得和我到後台找梅拉，那並非一件難事，所謂的「後台」，其實就是俱樂部洗手間附近的空間。我問他：「剛開始打鼓的時候，是什麼原因讓你一直努力練習？」他說：「要離開古巴啊！只有頂尖的人才走得出去，我必須成為頂尖的人，不得不！」

梅拉出生於古巴巴亞莫（Bayamo），了解當時的歷史就會知道，那個時期要在巴亞莫生活是十分艱困的。舉例來說，在他出生的一九六八年，當時的配給簿讓一個人一年買兩件上衣和兩雙鞋子，一個月買一．三公斤的米和二十罐的淡奶，一週買三百四十公克的肉和八十五公克的咖啡，一個孩子一天可以買一公升的鮮奶。雞肉在古巴非常罕見。如果想替自家汽車買新輪胎，要等一年之久，備用零件只有黑市才買得到。

美國帶頭的禁運措施，也對音樂家造成巨大衝擊。卡斯楚（Castro）掌控美國公司擁有的古巴錄音室，做為報復手段。舉例來說，美國無線電公司（RCA）拒絕支付古巴音樂家的表演費用，或拒絕移交古巴音樂家已發行的作品版稅。若有逃離古巴的音樂家，就會被稱為「蠕蟲」（gusanos），他們的音樂在古巴是被禁止演奏的，卡斯楚政府也禁止新興音樂家正式學習他們的音樂。這就是梅拉小時候生活的古巴。

梅拉決心成為頂尖樂手，透過不斷且大量的練習才達到目標。機會一來，他就離開古巴。一開始他在墨西哥演奏，接著前往波士頓，拿到美國數一數二的音樂學院，伯克利音樂學院的學位。學院的教師認可梅拉驚人的毅力與才能，僱用剛畢業的梅拉在白天教書，讓他可以有時間在晚上去瓦利的咖啡爵士俱樂部（Wally’ss Café Jazz Club）演奏。

梅拉在早年磨練自己演奏的曲調，融合現代爵士與古巴傳統音樂。不久後，他發行首張專輯，並被《村聲》（*The Village Voice*）週報譽為年度最佳專輯。他也曾跟世界知名的薩克斯風樂手喬・洛瓦諾（Joe Lovano）合作錄製專輯，樂迷一致認為這張專輯是洛瓦諾迄今最大膽、創新的作品，包括梅拉在內的樂團，更以該張專輯獲葛萊美獎提名。[1]最後，麥考伊・泰納挖角梅拉。

根據《爵士時代》（*JazzTimes*）雜誌，梅拉在爵士樂的發展中，仍是一位重要的古巴鼓手。

梅拉不是靠著家族事業打造音樂成就，也不是運氣好，更不是因為出生在適當的時間和地點，畢竟當時古巴的環境並非如此。他純粹是靠努力不懈的練習，獲得一番成就，而且還是偉大的成就。儘管遭逢政治逆境與社會困境，依舊渴望走出不希望人民出走的國家，在其他地方找到聽眾。為了成為古巴的頂尖樂手，透過好幾個小時的個人練習、與樂團團員一起排練，以及現場表演，努力提升打鼓的技巧，日日如此。

即使我並不是古巴人，梅拉的故事還是深深地引起我的共鳴。我經常涉獵各種技藝，每隔幾個月一次，不是為了成為搖滾樂手，不是為了成為甜點師，也不是為了成為居家咖啡師，煮出看起來不像髒水的咖啡，更不是要成為我夢寐以求的各領域專業人士。那晚梅拉的演出，在我心裡留下深刻的印象，也告訴了我，要獲得成就帶來的興奮感，需要持續又頻繁付出努力。

為了避免鄰居抱怨噪音，我很有自知之明，先把爵士鼓搬到康乃狄克州，不過這樣無法讓打鼓成為例行公事，也無法讓練習成為習慣。我還不夠常坐在爵士鼓後面，付出的努力必須提升層次。跟某位老友見面時，我才終於領悟到這點。

喬奇歐・皮柯里（Giorgio Piccoli）是成就斐然的企業家和習慣大師，二十七歲成立藝廊美國寓所（Americanflat），收藏來自世界各地兩百多位藝術家的博物館級藝術品，針對剛開始裝飾牆面的藝術愛好者行銷，而非投資人。藝廊營運的國家，都具備全球即時印製能力。不到七年，美國寓所的銷售額達到兩千萬美元，範圍涵蓋南極洲以外的各大洲，每筆銷售的收益直接回饋給藝術家，資助藝術家的技藝。

我與皮柯里談到一半，他拿出手機，我看到他手機裡有個不尋常的東西，標題為「清單」的多份不同主題的清單。他每天會把十件事列入清單，已這樣做了將近五年了，什麼事都可以列進去。他列過改善輪椅人士搭機經驗的十種方法、人們不喜歡畫框的十項因素、十種方式種植羅勒等。他給我看一份清單，是建議成立夥伴關係的十組公司，有如社會名流勾搭賽。假如Google和Amazon有寶寶呢？假如羅塞塔語言學習軟體（Rosetta Stone）和孤獨星球（Lonely Planet）在一起呢？Instagram和GoPro能不能徹底改革即時串流？

皮柯里瀏覽記事本，舉幾個簡單的例子向我說明他怎麼獲得啟發。

「艾蜜莉，我們現在在迷迭香餐廳，妳想要一杯加了迷迭香的雞尾酒，卻沒看到。我現在如果要列清單，那我會寫下十道可以加迷迭香的料理。」我問他：「你的這些清單有沒有獲利？有沒有成為某件商業投資的基礎？」他說：「有些有，但通常沒有。」

儘管他列清單的習慣沒有帶來財富，但他說可以鍛鍊大腦，每一次的嘗試，都是在發揮創意解決問題，並開發新的思維領域。他解釋到一半，我打斷他：「你每天都這樣做嗎？超過一千八百份清單！超過一萬八千件事情。」我很驚訝他竟然堅持了這麼久，也很驚訝我在空腹喝下一杯葡萄酒後，腦子竟然還能做出迅速的數學計算。我問：「如果清單列的事，絕大部分在將來都不會有成果，你還是會寫下來嗎？」他不可置信地說：「對啊！還是要寫下來。」

他顯然認為必須採用書寫的形式，但當時的我覺得沒有必要，我從來不列待辦清單。曾經試過幾次，當事情做完就劃掉，但速度並沒有因此加快。即使我寫下「必要」待辦清單，對我還是沒什麼用。暫且不提我的反應，總之還是有很多人都用這種方法編列職責，從中獲得自主力量，也許我在編列的練習中，錯失了某件有價值的事物。

想了想，我確實是如此。

皮柯里每天列清單的趣事，讓我想起這輩子我唯一嘗試每天做到的事（除了例行的洗澡、刷牙和用牙線剔牙外）：練習薩克斯風。從小學開始，我把練習薩克斯風當成例行公事，幾乎每天都會練習，當時的我是怎麼做到的？

我沒去挖掘深埋內心的記憶，而是打電話給二十年前的高中樂團助理指導鮑伯・派特森（Bob Patterson）。籌備校友會發出的通知，總會提醒我們已經畢業多久，提醒我變得有多老。

「鮑伯・派特森（Bob Patterson）還記得我嗎？」他記得。

我倆的交談猶如踏上回憶之旅。我們談到了州立行進樂隊競賽，還有我們永遠打不贏的長年勁敵，回想長途公車有多臭。

聊了一會，我問他：「你是怎麼做到讓我們這群孩子養成每天練習的習慣？或盡量做到每天練習？」他提到出勤表一事。我們每週上音樂課都要填寫出勤表交回，每天都要將練習的時長寫在出勤表上。過去我以為出勤表是讓學生向老師證明，我已經把作業做完了。他對我說：「不是這樣，其實是給家長看的。」

具體化的力量便在此展現，透過手寫出勤表進行記錄。在孩子把出勤表交回給老師前，家長可以查看出勤表，確認孩子的練習狀況並簽名。有了這張圖表，家長可以得知要如何安排孩子的練習時間，也可以檢視小孩的練習目標有無達成。透過手寫記錄下來，家長一看就能審視孩子每星期的狀況，明白是否達成目標，家長不僅對樂團指導負責，也對孩子和自己負責。

我距離高中時期已經很遙遠了，從臉上的皺紋可以立刻看出事實。不過，當年我的薩克斯風吹得相當好，老師為了增加學生們的練習次數，所採行的計畫，可能就是我在音樂方面獲得成就的祕訣。我決定再度嘗試那時的策略，並稍加修改，加上當年我母親鼓勵我做家事的方法。

每次我騰出時間練習，就會給自己一張金色星星貼紙。我從非營利組織寄來的信件，找到隨信附贈的免費年曆，用它來記錄，每天貼上一張貼紙，慶祝自己有按行程完成事情。「發現今天有一大段的時間可以練習打鼓？做得很好！給自己一張貼紙。」

學校音樂老師為了鼓勵新手而採用的技巧，我在磨練技藝時使用的金色星星貼紙，這兩者跟日誌、日記、紀錄表、表單、成績單等做法有共通點，都能讓我們正在做的事情，變得明確且醒目，以視覺形式呈現原本雜亂無章的目標。

當你紀錄自己的資料，就會對自己和目標負起責任。我們擬定進度並具體呈現後，就會成為個人專屬的會計師。

紀錄為邁向目標的盟友

即使身為經濟學家，有時也會需要會計的幫忙，或是說，在目標達成的形式上會需要會計幫忙。

麥克・李（Mike Lee）拿到耶魯大學經濟學學位約莫十年後，決定踏入婚姻，他和未婚妻打算在海灘舉辦美麗的婚禮。他們覺得如果婚禮當天身材很好的話，那一天就更完美了，能營造出如詩如畫的一天。

因此李找上專業健身教練，教練給他一本列出多達三千種食物營養價值的冊子，還附上一本便箋簿，讓他可以用來記錄每天吃的東西。

也許這位教練遵循的是美國凱薩永久健康研究中心（Kaiser Permanente Center for Health Research）所做的科學突破研究。[2]醫師建議有罹患糖尿病與高血壓風險，以及已罹病的一千七百人，採用富含蔬果和低脂乳製品的飲食。受試者按醫囑運動，一天至少花三十分鐘從事費力程度中等的運動。六個月後，受試者平均減掉六公斤左右，成果相當出色。其中每天記錄自己吃進多少食物的人，減掉的重量是未記錄者的兩倍。

對李來說，要費心查詢食物營養價值，並算出吃進的熱量，既繁瑣又不切實際，於是他改良方式，建立網路應用程式，自動追蹤他吃進的熱量，這就是熱門應用程式MyFitnessPal的前身。

MyFitnessPal從現有最大的營養資料庫取得資料，[3]讓使用者可以製作電子食物日誌，上市九年後，有八千多萬名註冊使用者，共減掉超過四千五百三十萬公斤。二〇一五年，安德瑪（Under Armour）運動用品公司，以四億七千五百萬美元買下MyFitnessPal。三年內，會員數成長到一億五千萬人，安德瑪公司稱其為「世上最大的數位健康與健身社群」。

就我讀到的資料，後來李和妻子舉辦了相當美好的婚禮。

說來可惜，一如小時候我臥室裡的玩具整理進度，金色星星貼紙產生的效果不如預期。我認為解決方法，不是仿照MyFitnessPal，構思出技術更複雜的制度。翻著這兩個月的月曆，天數與貼紙數量成正比，但逐漸增加的星星沒辦法維持動力。老實說，我不曉得打鼓技巧有沒有變得更好，卻明確體悟到，要能更頻繁、更有效地練習，關鍵不只是當天有無付出努力，一定還有別的訣竅。不過，獨門祕方到底是什麼？

納森·德沃（Nathan DeWall）在具體呈現成功途徑的做法上，表現得非常出色。他從四歲開始接受訓練，準備跑人生第一場馬拉松。那年，他父親打算前往南達科他州的蘇瀑（Sioux Falls）跑馬拉松，德沃很想跟隨父親的腳步。

他父親送他第一雙慢跑鞋，還有一件印著運動男孩的綠色T恤。父子倆一次跑三到五公里的路程，邊跑邊聊生活瑣事、聊電視節目《芝麻街》。其實德沃不是從小就跑馬拉松，但對跑步的渴望從小就開始萌芽。

到了國中，德沃跟很多在內布拉斯加州長大的男孩一樣，穿上防滑鞋，決定成為美式足球運動員，想效仿他的某位長輩，進入大學球隊參加全美賽。幾年後，德沃步入正軌，進入高中足球隊打球。不過，這個看似在正軌上的夢想，隨即變成了惡夢。

某場比賽中，德沃的一節頸椎破裂，他突然癱瘓，有四十五分鐘無法移動脖子以下的身體部位，也沒有任何感覺，他覺得下半輩子肯定要坐在輪椅上。

幸好他復原了。但是這件事轉變了他的志向，使他朝向創意、心理和藝術方面前進。他進入明尼蘇達州的聖奧勒夫學院（Saint Olaf College）唱詩班，是美國頂尖的無伴奏人聲合唱團。後來還攻讀博士學位，以科學寫作為重心。他的第一份工作，是擔任大學心理學教授，這時同領域中多數的專業人士，即使經歷比他多一倍，發表的文章數都沒有他多。

德沃規畫了新的事業，也發展得很好，在人生中的各個層面，似乎都非常順遂，預計達成的目標也都達成了。

有一天，他陪妻子愛麗絲（Alice）去減重診所，為了要表達他的支持。他陪妻子坐在私人診間，診間中有護理師、體重計和各式圖表，他不由得想著自己的健康狀況。護理師問他：「納森，想不想量一下體重？」他說：「好啊。」隨後踏上體重計。護理師看了數字一眼，再望向圖表，看著他說：「嗯，到了肥胖程度。」他回答：「不會吧，我很高。」護理師問：「多高？」「一百八十八公分。」護理師用手指著圖表上標示他身高的地方，對應到德沃的體重，然後回答：「你很高，但是體重到了肥胖程度。」

在那天之前，德沃從來不覺得自己太重或是身材走樣，直到他看見圖表上的數據，嚇了一跳，決心減重，就此確立新的目標。

他開始走路，並注意飲食，遵循「吃了就要寫下來」的方法，持續地寫食物日誌。

幾個月後，愛麗絲要出門跑步，邀他一起去，他因為膝蓋不舒服而拒絕，愛麗絲認為他在找藉口，說：「你從來沒有膝蓋不舒服過，應該還好吧！」

他繫好鞋帶，跟著她一起跑三公里。跑了四分之三，愛麗絲轉頭對德沃說：「你怎麼了？樣子和聲音好像不太對勁。」德沃反諷道：「要謝謝妳。」

不到一年，從他家跑到加油站的距離，對他來說再也不是瀕死經驗了。[4]德沃在密蘇里州首次參加八十公里超級馬拉松，當時他轉變為新生活方式還不到十二個月，他承認那段路途很辛苦。奇怪的是，他為了參賽而訓練自己時，體重反倒增加四公斤多。跑過終點線，他往下看，雙腳腫到腳踝都不見了，腰部以下看起來就像懷孕。即使如此，他還是保持跑步的習慣，適應自己身體的反應，也學習在他吃進與燃燒的熱量間，取得平衡。

四個月後，德沃首次參加一百六十公里賽事。接下來，他跑了一場又一場，還從萊辛頓（Lexington）跑到路易斯維爾（Lousiville），共一百二十公里，也從北卡羅萊納州的北端跑到最南端，跑了六百零八公里。

德沃曾經花六天時間跨越田納西州，跑了五百零五公里，沒有休息。我問他：「納森，『沒有休息』是什麼意思？」他解釋說：「前二十四小時共跑了一百二十四公里，躺在路邊睡了兩小時，起來後再跑約九十七公里。後來，我找到一間旅館，睡在床上三小時，離開後再跑八十公里。」他說：「懂了吧！」我心想，沒有，我不懂。

我問他：「你怎麼吃東西？」聽到他的經歷，我驚訝到下巴都快掉下來了。他解釋說：「其實是要控管鹽分。」尤其是在田納西州，溼度接近雨林，跑者流汗會流失的鹽分，是維持肌肉正常運作的要素。跑了三十二公里後，跑者的身體會用光之前進食所儲存的所有熱量。德沃說：「吐司餅乾（Pop-Tarts）最有效，我喜歡吐司餅乾。」他的其他答案有開特力（Gatorade）運動飲料、速食馬鈴薯泥、花生醬蜂蜜三明治、牛肉乾和十九瓶紅牛能量飲料。基本上是健康課不會合格的青少年飲食。

德沃最引以為傲的不是他路跑時的飲食。在二〇一七年春季，他達成人生成就，在三個月內，完成兩場難度數一數二的超級馬拉松。

四月，德沃參加撒哈拉沙漠馬拉松，跨越撒哈拉沙漠的沙丘，六天跑了近兩百三十七公里，相當於五場半的馬拉松。中午氣溫高達攝氏五十四度，雙腳跑到非常腫脹，所以跑者訓練時穿的鞋子，通常都會大好幾個尺碼。

炎熱的氣溫、遙遠的路途和沙子的摩擦，破壞了跑者鞋底的橡膠。德沃想到，如果在每天開始跑步前，向隨隊醫師提到肩痛，他就可以拿到醫用膠帶，能用來蓋住鞋子的網眼，這樣鞋子裡就不會進沙。

在跑步時，他會背著睡袋和賽事中所有需要補充的熱量，若有排便需求，要排放在塑膠袋裡。另外，沙漠裡有蛇或蠍子，跑者需要自行攜帶毒液吸取器，用來處理咬傷。聽到這不由得心想：「在沙漠跑步有什麼優點啊？難道是不會被蚊子咬？因為沙漠熱到連蟲子也活不了。」

七月，德沃飛到加州參加惡水超級馬拉松（Badwater 135）。下午九點半的死亡谷，他聽見鳴槍聲，告訴他該起跑了。

死亡谷是北美海拔最低點，也是氣溫最炎熱的地方。他說：「攝氏四十七度的氣溫涼爽，很不錯。」第一段的賽程，他跑了四十八個小時，途中沒有停下來休息，腰上繫著反光腰帶，當夜晚來臨，路上駕駛便能看清他在路邊跑步。

這場賽事要橫越三座山，總長約兩百一十七公里，終點是惠特尼峰（Mount Whitney）的登山口，海拔近兩千五百三十公尺。跑者往上攀爬的高度，累積將近有四千五百七十二公尺，下降超過一千八百二十九公尺。共有一百九十六人參賽，就算只想試跑，也必須獲邀才能參加這場賽事。

德沃是怎麼調整自己的？他與達到艱難壯舉的人們相同，嚴守紀律和行程表。舉例來說，在我們聊天時，他腳上穿的運動鞋，側面用麥克筆寫著數字10，他說：「我一定要記錄自己穿的是哪雙鞋，同款的鞋子我買了很多，喜歡的就會一直用下去。」

德沃身為科學家，自然對數字較敏感，他以電子方式記錄生活，用線上應用程式記錄他跑了多長的距離。他並不是唯一一位在運動上運用數據的人。

他每天會跑七十分鐘的輕鬆跑，一週至少有六天會出門跑步，無論是剛跑完賽事，還是準備下一場賽事的期間，沒有一天漏掉。他對我說：「要是一年沒有跑到至少三千公里，我會很難受。」

惡水馬拉松四分之三的路程，累計約三千三百零七公里。他說：「現在很多人都會用漂亮圖表來記錄進度，有時會想，應該很難做到在生活中不用圖表，誰會想這樣？」他接著說：「重大賽事前，我通常會回顧圖像訓練日誌，確認自己已經做了達成目標所需的所有工作，讓自己可以安心下來。跑惡水超級馬拉松以前，我經常查看應用程式 Strava 裡記錄的運動數據，來提醒自己往目標邁進。透過五天跑五場馬拉松等訓練方式，鍛鍊自己。圖表幫助我更有信心，也幫助我達成目標，跑完世上最艱困的馬拉松。」

德沃很擅長說故事，賽事細節記得一清二楚。然而，他並不是只有仰賴自己以往的記憶和經驗，他會想像自己該如何準備，以振奮精神，更會親眼見證證據，來建立自信心。

我的金色星星制度效果不彰，就是因為少了「回顧」。雖然我和李建立健身帝國、德沃跑過兩座沙漠，仰賴的過程相同，藉著記下自己的資料檢視進度，但是關鍵在於，他們會回顧圖像日誌檢討自己，審視整個過程的狀況，以點燃內心的動力火苗，在執行時也更能掌握進度。

即使已經將進度具體化，也可能會意識到不足之處，透過製作日誌，除了具體呈現出預計要做的事，也定期檢討自己，就比較不會放縱自己。比如說，具體呈現錢的去向，就不會過度購買，使錢包越來越薄。

舉例來說，美國人依照破產法第七章，聲請破產的比率每年呈穩定增加。二〇〇七年，近五十萬的美國人，向法院聲請資產清算來支付帳務，二〇一〇年，數據增加一倍以上。[5]截至二〇一八年九月，美國家庭總負債高達十三兆五千一百萬美元。[6]背後的一大原因，就是信用卡消費。同時期，美國人擁有的信用卡帳戶將近五億個，而且那些信用卡都會使用到。[7]根據聯準會發表的數據，持卡人無法還清的餘額，平均為九千三百三十三美元。[8]

刷信用卡輕鬆不費力，凱莉・史密斯・尼克遜（Carrie Smith Nicholson）陷入了從沒料到的財務困境。

現在三十五歲的尼克遜，曾經擔任小型企業的會計師，她有著啟發人心的往事。她離婚後得獨自負擔經濟重擔，支付信用卡和車貸債務，當時她的債務是薪水的三分之一。她說：「我想像中的二十五歲不該是這樣的。」

尼克遜下定決心要達到財務自由的目標，十四個月就還清一萬四千美元的債務。她是怎麼辦到的呢？

她運用線上還款計畫計算機ReadyForZero，具體呈現收支，這個應用程式可建立時間表，顯示過去進展圖表，也會顯示餘額數字，可以追蹤個人進度，同時會標示她的信用評分，若信用評分增加，指標就會從光譜上的紅色位置移到綠色位置。

她制定還款計畫，並配合工具顯示進展，因此可以做到很多人難以完成的事。

她結合過往的經驗與知識應用在創業，建立了網路社群，她蒐集並整理可改善財務健全度的資訊，為有國際影響力的媒體撰寫文章，藉此提供建議給經常與各大銀行來往的客戶。她也到處講述個人的成功故事，以啟發他人的個人財務管理觀念。

尼克遜運用現金流圖像日誌，檢視每個月的漏洞在哪裡、哪些支出可以控制。同樣的做法也適用於時間管理。如果你難以應對自己的拖延症，或是常常缺乏生產力，請花幾天時間，記下一天的時間花費，就會明白時間浪費在哪裡。

丹・艾瑞利（Dan Ariely）是行為經濟學者，專門研究人在判斷上所犯的錯誤。二〇一四年，他跟一位科技創業家與一位資料學家攜手合作，創造出應用程式 Timeful，並藉人工智慧系統，能找出使用者何時最有生產力、哪些時段可以有效率地完成工作，並根據使用者的情況，提議一個工作時間表。使用該應用程式越多次，越能精準找出損失的時間。Timeful 上市一年後，Google 買下應用程式並納入產品中，建立名為 Goals（目標）的功能。

Goals 的用途就如同名稱，會邀請你制定目標（例如：靜觀、喝更多水、寫一本書等），並詢問幾個問題，如：你想花多少時間在目標上？一天中哪個時候最適合進行？應用程式會自動安排時間，排出你的線上行事曆，透過演算法預測出你最有可能執行的時間點。如果出現衝突，也能重新排定時段。後續應用程式也會追蹤你的狀況，詢問你在指定時間內的表現，根據你的回答，判斷是否有做出好的行程安排。

舉例來說，若應用程式把活動排在狂歡時段，而你在那個時段沒有喜悅、沒有喝水、沒有打字，向應用程式回報後，應用程式之後會將這些事情安排在下週其他時段。

該應用程式也有具體呈現目標進展的功能，概要視窗底部的圓形追蹤工具，會顯示你每週的進展。

Goals 能找出我們流逝的時間，並安排活動時間，而且做得比自己規畫的還要好，因為它會具體呈現出我們在摘要裡寫的內容。如艾瑞利所述，行事曆上已排好的事項，以及我們寫在行事曆上，答應要做的所有短期項目，我們都會優先處理。[9] 耗費時間較長，短時間內完成不了的專案（例如：減掉四公斤、房貸再融資、增加獨處時光等），則會暫緩，先撥出時間給明確的、特定的、已排好的事項。

鬧鐘響起以後到進辦公室開會前，這之間的空檔，我們總覺得自己會好好運用和安排。我們總期望自己在晚餐後到上床睡覺前，這段時間瀏覽銀行對帳單，結果卻沒做到。艾瑞利說：「你覺得自己會在空檔完成某些事，其實這些事的優先順序，低於行事曆上列的明確又特定的事。」若能具體列出要完成的事項，就等於把這些事排入一天的行程中，完成的機率就越高。

把個人行程規畫外包給別人，看似毫無吸引力，因為人們喜歡掌握一切，認為對自己的了解勝過於別人，甚至是應用程式，因此自己最懂得怎麼去規畫一天的行程。然而根據艾瑞利的研究結果，把這項工作委託給別人，反倒會從中獲益。[10]

艾瑞利在麻省理工學院教書，他發現課堂作業的繳交期限由他排定，而不是由學生自行決定，學生的表現反而更好。

他在某些學生的行事曆上訂下三個繳交日期，請他們在這些日期分別繳交一份報告，三個繳交期限平均分配在一學期中。他請其他學生自行訂下繳交期限，根據自己訂下的時間繳交三份作業，他們可以自由選擇什麼時候交，只要在學期結束前就行。

儘管人們認為自己最了解自己的行程，但是艾瑞利的實測結果顯示，由教授訂下日期的學生們寫的報告比較好，平均得分高出三個百分點左右（B和B^{+}的差距）。最後一份報告的成績受影響的程度很顯著，自行訂下繳交期限的學生，平均得分是C，由艾瑞利訂下繳交期限的學生，平均獲得B，高出九個百分點。

成績上會有明顯差距，不是因為自行選擇繳交期限的學生，將三個期限全都訂在最後一堂課當天。實際上，他們當中有四分之三的人，有確實訂出三個日期，而不是全部訂在最後一天。成績會有差距，正是因為學生自訂日期時，沒有選擇平均分配，也不夠快訂下日期。艾瑞利知道這兩項因素是影響成績表現的關鍵，但是學生們並不曉得。

儘管我們偏好掌控自己的時間，直覺上也認為比起他人，自己應該更善於規畫個人生活，但是我們一當起自己的祕書，可能就沒辦法好好安排時間，把工作做好。

從艾瑞利的實測，可以看出人們常常用錯誤的方法安排寶貴的時間。在艾瑞利研發應用程式前，進行過多次實驗，衡量人們需不需要這類協助。他發現人們若自行規畫個人生活，在時間的安排上，就會相當沒效率。在他調查的對象，其中有將近八〇%，在早晨的兩小時內，都在回覆電子郵件或蒐集社群媒體的資訊。這個時段體力和專注力通常處於高峰，是一天中最有生產力的時段。

整體而言，人類對時間所做的預測相當不準確，往往以為自己可以很快完成工作，但實際上晚了許多才完成。根據研究顯示，外行廚師預估食材的準備工作，大約需要花二十四分鐘，實際上他們多花了十分鐘才完成。[11]

工作的難度越高，預測錯誤的次數越多。舉例來說，負責處理字典條目格式的排字工人，若要預估將文字字體改成粗體或斜體所需的時間，通常會預估得十分準確，如果目前的工作更具挑戰性，需要修改的部分是以往的四倍，即使格式上的調整僅增加一倍，實際花費的時間，會是原先估計的兩倍以上。

當我們越希望一項專案產生特定的成果，反而越無法準確預估所需的時間。舉例來說，認為會收到國稅局退稅的人們，相較於沒有期待的人，會提早一週半的時間繳交報稅單，但研究證明，對退款充滿希望的市民們，花了比預期時間還多兩個禮拜才遞交文件，而那些沒有期待的人，卻只比預期晚幾天繳交。[12]

奇怪的是，人為了趕上最後期限的意圖強度，不僅會影響到時間安排的準確度，也會影響用哪些方法來完成工作的決定。滑鐵盧大學的科學家，針對大學生為什麼很難存到錢展開研究，他發現了同樣的情況。[13]

在該項研究中，研究人員請學生制定四個月後希望達成的理財目標，若可以存到目標金額，研究人員會提供金錢獎勵。為了幫助學生達到目標並獲得獎勵，研究人員提議請學生訂閱便宜的週報，以提供個人化的理財進度報告，並分享存更多錢的訣竅。這項服務很有成效，學生收到週報後，會比較容易達到存款目標。學生們知道週報很有幫助，並準確地預言，其他同學收到週報後，也能存到更多錢。

有趣的是，在研究中發現，願意支付週報費的學生，人數少之又少（我很理解大學生的節省本性，畢竟我大學念了九年）。不過，等學生收到參與研究的報酬，就能支付週報費。比起達到目標後收到的獎金，週報費實在很便宜。其實支付週報費，就能成功獲利，然而，強烈的意圖可能造成錯誤的信念，認為自己有能力做出最佳規畫。若懷著錯誤的信念，即使是能做出最佳計畫的技巧，或是明知行得通的技巧，我們也不會想運用。

人們總是努力把生活過得既有規畫又有效率，但錯誤的信念會減損我們邁向成功的努力，該怎麼做才能減少這種錯誤呢？無論有沒有應用程式的幫助，藉由行為學家所說的「拆分」（unpacking），具體呈現過程，把一件大工程拆成好幾個部分，就能有效解決錯誤信念帶來的影響。

舉例來說，人之所以要矯正視力，約有半數是因為遠視。有些小孩在幼稚園時期就有遠視，老師可能會誤以為，他們無法專注於眼前桌子上的功課，是因為過動或行為問題。不過，只要配上合適的眼鏡，孩子們就能坐在座位上專心聽講，在校表現也變得更好。有了眼鏡，小孩眼前的世界變得清晰明確，更有能力達到卓越表現。

如同那些戴眼鏡的孩子，我們只要對自己的目標，與通往目標的途徑負起責任，成功機率就會增加。我們必須把細節看得一清二楚。若只專注在未來即將發生的情況，成功機率就會降低，例如：表示自己想從大學畢業，想搬到國內另一端或轉換職業，光是將目標說出口還不夠，必須將重大又長期的目標，拆分成做得到的數個小目標，把前往目標的途徑和細節，看得一清二楚。

要順利畢業拿到文憑，就必須仔細規畫每學期的課程。想離開家鄉移居另一岸，就必須深入調查所有學校、職業和住所。

拆分遠大的志向時，對於起點到終點間會碰到的種種困難，需要多加察知、擬好計畫並設法跨越。追蹤細節的進度，並審視整體進展，就是在對自己的志向負責任。

第5章

善用盲點，改掉壞習慣

紐約現代美術館《單品：時尚是否現代？》（*Items: Is Fashion Modern?*）開幕式，攝影師蜂擁而至，如蒼蠅繞著水果般，朝著裝扮得漂亮又展現創意的賓客連按快門。削瘦臉龐上的厚重霓虹眼鏡、蓬鬆毛衣底下的亮片裙、花冠，這些服裝有如誘餌吸引著相機。人們盛裝打扮，前來觀看策展人挑選的一百一十一件物品。

乍看這些展出的衣物組合很不尋常，彷彿是我邊懷第一個孩子還邊寫書。布基尼（burkini，伊斯蘭式罩袍泳衣）和魔術胸罩（WonderBra）同處一室，腰包和毛皮大衣並列展出，皮褲對面擺放著樂福鞋。然而，這些物品之間的關聯，在於它們全都徹底改革文化、政治、身分、經濟、科技與時尚，而且時至今日還很流行。

在我逃避一堂急需修習的音樂課，拚命垂死掙扎之時，幸運搶到展覽的票，我邀請友人卡莉（Carly）同行。卡莉身上的穿搭向來比我好很多，想必那晚一定也是一樣，我倆出席展覽的任務，就是為了找到喬治雅．盧琵（Giorgia Lupi）的作品。我剛好讀到喬治雅．盧琵的消息，得知她的藝術作品會在展覽中展出。

我不知道作品是什麼形式，也不曉得採用的藝術媒介是哪一種，那晚我有如印第安納．瓊斯在找尋聖杯，盲目地奔走尋找盧琵的作品。我倆穿梭在展廳之間，逐一查看說明牌，尋找藝術家的姓名，就像每拿一杯義大利氣泡酒就喝一杯，不錯過任何一個線索，由前往後穿越展場，再由後往前，來回好幾次，我們還問了其他出席者，不過，當天有開放式吧檯和社交場合，出席者可不是去提供策展導覽的。

飲酒狂歡的人漸漸少了，派對即將結束，卡莉說：「我們不要再找了。」我們便離開展廳，朝出口走去。赫然發現畫龍點睛的最後一件展品——盧琵的壁畫！不是衣服，不是手提包，也不是時尚品牌的設計。這件藝術品所占的面積，是展覽中其他作品的一百倍左右，三層樓高的牆壁上，畫著自由流動的一組五線譜，以藝術方式呈現音符。

作品想展示的不是音樂或和聲，五線譜上的一百一十一顆音符，不是用來代表特定的音高或音長，而是代表展出的每一件衣服或飾品，象徵服裝和歷史與當代社會之間的關聯。

盧琵用音符的符頭顏色和符尾大小，對應每件單品的起源，或其對社會的影響。畫中有一個四分音符標示成紅色，並不是表示曲調有了變化，而是象徵 Converse All-Star 運動鞋。卡莉和我在其他展廳有看見該款運動鞋展出。

以紅色顏料畫出音符，象徵運動鞋的叛逆角色，而音符在作品的位置，表示運動鞋在時尚史上亮相的時間。樂譜由左往右展開，可以看見時尚、科技的演進。全音符代表穆斯林女性頭巾（hijab），十六音符象徵頭戴式耳機，兩者在畫中的距離很遙遠。

有幾顆音符密集的聚集在一起，像是蒲公英被風吹過般。其中一顆音符代表紅色唇膏，另一顆音符代表香奈兒五號香水，最後一顆音符代表男性領帶。壁畫的說明文字點名了這三件單品的主題：力量。

每件服飾元素及飾物，都訴說著一個跟社會有關的故事。盧琵汲取故事的精華，合成、量化再加工成圖解形式，成為了現代藝術作品。其實這幅精巧、蔓生的壁畫，就是一種將資料化為圖像的資訊圖表。

我從「親愛的資料」（Dear Data）專案，初次得知盧琵與史蒂芬妮．波薩維克（Stefanie Posavec），這項專案帶來的驚豔度，不亞於前文提及的壁畫。[1]

盧琵是現居在紐約的義大利人，波薩維克是現居在倫敦的美國人。她們在某場活動上相遇，這場活動多為平面設計師、工程師、記者、科學家等人出席。當時她們雖然互不相識，卻一拍即合，一起開展某項須每日進行、頻繁監督、每週報告的計畫。每週一，她們會討論出未來七天想要量化的主題，例如：她們對陌生人露出微笑的次數、穿越的門有哪些類型、喝東西的頻率和時間、產生嫉妒感的頻率與源頭、她們給出或收到的每一個讚美、在每小時裡聽到的聲音、笑開懷的時刻，以及在城市中發現的動物。

每週訂下的主題都不同，她們時時刻刻保持警覺，將相關的情況記錄下來，並且總結自己觀察到的結果，彼此分享。然而她們不是透過表格或任何一種數據來分享，而是把結果轉譯成圖像，風格近似俄羅斯畫家康丁斯基（Kandinsky）的微型畫，畫在明信片上，郵寄給對方。

她們發揮想像力，詮釋每週觀察到的資料，就像紐約現代美術館精密又複雜的壁畫般。每張明信片都附上說明文字，以解釋曲線、色彩、塗鴉和形狀的意義。

她們把生活中觀察到的各種資料，轉換成圖文互相分享，彼此的關係因此變得親密。每周末，將蒐集到的資料繪製成藝術品，趕緊寫下筆友的地址，貼上郵票，郵寄到海洋的彼端。盧琵得知波薩維克的丈夫，比起讓她生氣，更常讓她產生關愛感，頻率高出三倍。波薩維克得知盧琵在散步時，看見的狗多於老鼠，並且去過幾個紐約市的地下鐵月台。

然而，除了這些日常生活的細節外，她們還了解到彼此跟社會間的關係，她們的情感如何投入其中，行為模式又是怎麼影響到自己對世界的理解，甚至是世界對她們的理解。這兩位陌生人並沒有正式彼此承諾，卻一同設立目標、達成目標，並且每天持之以恆執行了整整一年。

我在認識彼得前的單身時期住在紐約，那時有到酒吧認識幾個陌生人，就像盧琵和波薩維克那樣。不過，我跟那些人連相處五十二分鐘都做不到，但盧琵和波薩維克竟然完成長達五十二週的計畫。有幾個見識廣泛的組織注意到她們的作品，稱之為壯舉。

盧琵與波薩維克把這項計畫內容，編纂成《親愛的資料》（*Dear Data*）一書，再製明信片並加上內幕註解，講述她們的經驗。於二〇一六年出版後，同年，現代美術館取得全數一百零六張原稿明信片作為永久館藏。

我想更深入了解，因此我找上盧琵，透過視訊對她提問。她在布魯克林的家中，我在曼哈頓的辦公室裡，透過此次機會，替我解惑各式各樣的問題。她跟我分享與波薩維克的相似處，她們都是獨生女、年齡相同，也都跨越大西洋追求藝術夢想。她還說，經過一段時間，她們倆的畫風越來越像。

她說：「現在我拿『親愛的資料』專案來教導孩子，看到國中生用插圖來記錄自己的生活，就覺得很開心，並且他們還熱切期待數學課的到來。」這種難以達到的熱忱，就跟新創公司獲得獨角獸企業地位一樣罕見。她對著資料中的空缺處輕笑，資料會出現空缺，是因為丈夫抗議，或參加豪飲耶誕派對等原因。

我問她一個重要的問題：「喬治雅，對很多人而言，妳和史蒂芬妮做的事，真的很難達成。妳設立目標，並貫徹一整年。期限到了，還真的完成了。是怎麼做到的呢？其中有什麼祕訣？」她沉默了一會，我利用那空檔掃視她所在的房間，觀察她後方和兩側的物品。我猜，若聽到盧琵的答覆，我一定會不滿意。

我觀察到盧琵的後方有一道玻璃牆，牆上貼了十幾張便利貼，我想趁她不注意時，趕緊瞄一眼、悄悄窺看，免得被貼上怪人的標籤。我看見一些草圖，上方畫著好幾個圖形、表格，從一個正方形發展成另一個正方形，一個直行，幾個橫列，故事板上面記載著盧琵的工作發展。我不自覺地心想，若她看到我背後的物品，會有什麼想法，我的辦公桌、椅子後，散落著雜亂的文件，肯定看不出哪一堆文件是相關的，也看不出被文件淹沒的長桌。

我的看法沒錯，從她提供的回答來看，她應該屬於不用太辛苦就能達到目標的人，也不認為自己沒有能力勝任或貫徹專案。她一直都在規劃每天需經歷的事情，或把事物清楚地描繪出來，因此她不需要為了實現夢想而調整生活方式，即使她有調整的念頭，也用不著。

後來，我再次聯絡盧琵，詢問故事板的事。盧琵如此解釋：「專案的最初階段，當想法浮現，我便記下來，我喜歡這麼做，因為手邊有那些資料，是很好的提醒，可以讓我看見事情的發展。」我對她說：「我覺得這樣很聰明，沒有歸檔收在檔案櫃裡，而是貼在每天都看得到的牆面上，這是很直觀的具體化做法。」她笑了出來：「其實我只是喜歡我畫的素描。」

對於她是基於美學這樣做，我沒有疑慮，她的個人風格，或許是她獲得成功的關鍵。故事板上的作品集，明確展現出責任感，讓正在進行的專案，保持在視線範圍內，也使進度顯而易見。盧琵讓自己的周圍充滿激勵人心的圖像，以及可以具體呈現進度的證據。

我接下來訪問波薩維克，並請她提出建言，或許她的做法我會更認同。她繪製的明信片上，說明文字周圍有一些髒汙，完美的筆法沾染了生活的痕跡，她劃掉錯誤的地方，還在畫上寫了註腳，表達拼錯字的挫折感，她畫的直線不筆直，似乎象徵著我的人生，看到這些我心想：「她會懂我的。」

我寄電子郵件給波薩維克，請她談談《親愛的資料》。在信中，我還尷尬地細述我那雜亂無章的狀況，告訴她，我很羨慕盧琵的便利貼牆面。波薩維克身處遠在六個時區外的地方，日子忙得團團轉，還要照顧新生兒，但或許是我的自嘲發揮作用，她回了信，我們安排談話。

首先，我問她，關於目標的籌備及落實計畫，她覺得自己比較偏向喬治雅的做法，還是與我比較類似，如果是偏向我的做法，那麼她是用何種方法來完成《親愛的資料》計畫。她人真的很好，所以我一直覺得，她的回答能安撫我的自尊心，可是她卻這樣說：「我絕對是偏向妳的風格，可是跟喬治雅合作一陣子，我稍微偏向喬治雅。」我們的人生全都需要喬治雅。

波薩維克提出了另一個想法，縈繞在我的心頭。她說，有件事每週激勵她、啟發她不斷往前，就是收到盧琵的明信片。在明信片上蓋上郵戳，送進飛往紐約的飛機，跨越海洋，透過英國皇家郵政送到倫敦的公寓，放在門前的門墊上，被門墊框出，直到她發現。「明信片就在那裡，每個週末，像鐘錶一樣準時……」

那塊門墊應該獲得更多的稱賞。框出事物不僅有凸顯的作用，還會把注意力引導到真正重要的事物。於是我懂了，史蒂芬妮之所以這麼有動力和耐力，門墊扮演著重要的角色。她家門口放著許多東西，鞋子、雨傘、鑰匙和包包，一小張明信片放到門口，很容易會弄丟，但是門墊凸顯了明信片，讓她把注意力放在明信片上。門墊框出明信片，鼓舞了兩人堅持不懈。

要達成目標，除了具體化外，還可以使用視覺景框策略。好比馬和馬車，或是杵和臼，兩者可以分開單獨使用，但一起使用的話，能完成更多事情。

視覺景框的力量

羅琳．歐格雷狄（Lorraine O’ Grady）不是郵局員工，也不是資料商人。她的有名之處不在於她的文筆，但有她這樣的筆友肯定很酷。她是成就斐然的視覺藝術家，作品是紐約市現代美術館、芝加哥藝術館和洛杉磯郡立藝術館的永久收藏品。她曾經在美國最重要的當代藝術博覽會，邁阿密海灘巴塞爾藝術展（Art Basel）辦過個展，曾獲選參加巴黎三年展，並入選二〇一〇年惠特尼雙年展五十五名藝術家。

然而，她的事業會達到榮耀，是因為歐格雷狄框出曼哈頓北區當作藝術品，讓個人事業邁向巔峰。

一九八三年九月，非裔美國人節日大遊行期間，歐格雷狄在花車裝上巨大的古董風金色畫框，並在支撐畫框的平台上，漆上了「ART IS...」（藝術是……）的文字。花車發出低沉的轟隆隆聲，穿行在紐約哈林區（Harlem）的街頭。爵士時代的生鏽招牌、非洲努比亞熟食店、漆成藍色的木製路障、亮著燈的招租廣告招牌……街景全被花車上的金框勾勒出。有那麼一刻，路上的黑人小孩、家長、鄰居進入畫框中。這作品秉持著慶祝與包容的精神，把畫框經過的一切框出，並稱之為藝術。

在當時，歐格雷狄並沒有意識到這件作品的影響力，在金色畫框出現後，藝術界對於作品對象抱持的想法有所改變。

「ART IS...」作品面世後，大眾開始關注當代藝術界的種族不平等議題。哈林區屬於較為貧困的區域，在那個年代，這類地區沒資格冠上「藝術」二字，在美術館展出的作品，不該是那些穿著日常打扮，且坐在街邊看遊行、穿越社區的普通人，甚至不是白人。歐格雷狄思考自己的作品，說道：「當時我應該是沒發現到畫框和相機的力量。」

畫框是很有力量的。以一月第一個工作日，緊張地出席美國國會的議員為例，就能明白其中的奧祕。你可能會以為議員們感到緊張，是因為翻著日曆，發現納稅日越來越近，或審議事項即將到期，引發焦慮。其實不是，焦慮感是因座位表而起。

每回會期，美國參議員會爭奪議事廳裡最好的位置，仔細考量自己要在哪個位置進行辯論，並制定計畫爭取想要的位置。

國會裡的每張桌子皆有獨一無二的編號，也有其歷史紀錄。抽屜裡會有之前坐在這個位置的參議員姓名，最遠可追溯到二十世紀初。有些是用麥克筆寫的，有些是鋼筆寫的，還有些是刻在木頭上，例如：共和黨參議員拉馬爾・亞歷山大（Lamar Alexander）。

有些參議員會根據歷史紀錄來挑選位置，像是緬因州共和黨參議員蘇珊．柯林斯（Susan Collins）想坐在瑪格麗特．蔡斯．史密斯（Margaret Chase Smith）之前坐的位置。在史密斯從政的期間內，她是參議院裡唯一一位女性。

有些參議員會根據零食挑選座位。[2]雖然參議員不能在議事廳裡飲食，但24號桌向來儲備了巧克力和糖果，參議員經過時都會順手抓一把，這個傳統始於五十年前，由只擔任一屆任期的加州共和黨參議員喬治．墨菲（George Murphy）開始。

雖然有很多選擇座位的基準，但多數參議員還是最常根據視野來挑選座位。[3]「視野」指的不是他們往外看的風景，而是他們能不能被人看到。歐林．海契（Orrin Hatch）在參議院待的時間很長，比歷史上任何一位共和黨員都還久，自然有權決定想坐的位置。他的座位在多數黨領袖的正後方，那個位置在最多人經過的走道旁。

「我一直都設法坐走道附近，這樣大家經過就會認得。」這位猶他州的共和黨參議員說：「當情況危急時，別人認不認得出你，便是輸贏之分。」

就像坐在視野良好座位的高階主管、教室裡渴求學習的學生，藝術家歐格雷狄和海契，所運用的概念便是**畫框裡出現的東西最重要**。

議事廳中最差的座位，在最後方兩個角落，就像古老的百老匯劇院。記者區的記者必須站起來，往欄杆上方看過去，才看得到坐在偏遠角落的資淺議員。而最好的座位，在前排中央走道附近，這些座位在議長的視線範圍之中，而議長有權決定發言者。

在政治會議中所坐的位置，彷彿是在都會區或郊區選定第一個家，最重要就是地點，參議員坐的位置，決定他們是否在權力人士的視線範圍中。沒有在畫框內，就是在畫框外。

如同歐格雷狄的鍍金畫框，如同波薩維克家門口的門墊，只要東西出現在視覺景框裡，就能改變將來局勢。我們**透過景框來觀看周遭世界，並認定景框內出現的事物很重要，景框外的景象，對我們來說就不那麼重要**。如同誰在多數黨領袖的景框內，他就會獲得認可與發言權。藝術家在畫布上所創作的東西，被橡木畫框框出後，就會獲得金錢上的鑑價與社會的重視。

景框凸顯了某些資訊，也裁切掉其餘的資訊，會左右人們認定重要的事為何，也相當激勵人心。

盲點無意識影響行動

人類天生就具有天然的景框，會看不到周遭的某些東西。也許你記得解剖課學到的知識，人類眼睛的視網膜，是一層超薄的細胞，它對從外部進入眼睛的光線十分敏感。視網膜上有一小點連接著視神經，視神經是一種導管，眼睛會透過視神經傳送訊息給大腦。接觸點並沒有可偵測光線的細胞，因此資訊傳到視網膜的接觸點就會遺失，便成了盲點，兩隻眼睛各有一個盲點。

要找出自己的盲點，可以試試以下的練習。

圖表5-1有X和圓點。把圖舉高，鼻子朝著或觸碰X和圓點之間的空白處。閉上左眼，右眼專注看X，但要留意右側的圓點。（可能很難不偷看圓點，總之右眼要專注盯著X看）。然後，把圖貼近自己，再拉遠。某一瞬間，圓點會消失不見，是因為圓點恰好對齊右眼的盲點。

眼睛的盲點在日常生活中很少引發問題，因為人的心智會非常努力隱藏盲點的存在。就算我們沒有特意去嘗試，但眼睛會在我們沒意

圖表 5-1　X 和圓點帶來的視線盲點

識到的情況下，一秒顫動幾次，框出周遭環境不同的部分，大腦會結合眼睛框出的所有細微變化。

人體已進化到可以直覺自動地移動景框，也能控制視覺景框，我們可以教會自己使用景框工具來改變行為，因為我們看見的景象，會影響到行動，我們跟小寶寶說話時，會提高音調。看自家的電費帳單，注意到鄰居使用的電量，就會關燈、調小冷氣。[4]假如支持的是紐約洋基隊，看到強棒亞倫・賈吉（Aaron Judgemake）在新人季打出全壘打，歡呼聲就會很熱情，但看到波士頓紅襪隊外野手穆奇・貝茲（Mookie Betts）打出全壘打，就會加倍沮喪。

我們在周遭看到的人或物，感知經驗會直接影響到行動。

人體的眼睛與大腦的設計，是專門將看見的畫面和採取的行動搭配在一起。左腦和右腦各有神經連結，科學家稱為背側路徑，當眼睛接收到感覺，會前往主要視覺皮質，這時大腦能把視覺經驗，快速轉譯成其他部位可做出的動作，並會留意眼前事物的所有細節，例如：桌子的銳利邊角或椅子的圓滑扶手。大腦會根據景象，繪製出詳細的地圖。重要的是，大腦也會留意到各個細節彼此間，或與我們間的相對位置。比如說，大腦會注意到銳利的東西距離我們很近，而邊緣圓滑的物品，位於右側遠處。短短不到幾百分之一秒，大腦就能把這些資訊傳送到頂葉，再傳送到運動皮質區。

頂葉是大腦皮質的四大區塊之一，負責統整所有感官傳來的資訊。當大腦在理解我們觸碰的東西時，這時頂葉負責處理的工作量是最多的。而運動皮質區會協助我們移動四肢。也就是說，我們透過眼睛接收到的資訊，立刻銜接上大腦中負責掌管手臂、手部、腿部動作的部位。

一九〇九年，匈牙利的雷佐．巴林特（Rezső Bálint）醫師分享了一個有意思的個案。[5]某位男性患有運動失調，這種腦神經損傷會阻斷背側路徑。若把背側路徑想像成鐵軌，那位患者彷彿是受地震影響截斷鐵軌。

患者感到右手不靈活，因此找上巴林特醫師。他試著用右手點菸，沒點到菸頭，反而點在中間，用左手卻可以準確點菸，因此這情況特別奇怪。他試著切牛排，左手拿叉子壓住牛排，右手拿的刀卻碰不到盤子上的牛排。他看見自己拿著刀子，在盤子附近的桌面上來回切著。還有一個疑點，問題感覺不是出在他的右手，當他閉上眼睛，就可以依照醫師的指示，移動右手到指定的身體部位，這表示患者的肌肉或身體動作沒有問題。因此有問題的是眼睛在大腦裡如何跟身體協調，並且讓他跟看見的物體互動。

要是幸運地擁有健康的視覺系統，和正常運作的腦神經，那麼看到的資訊會決定自己的行動，稱做自動化。[6]自動化會挑戰縝密的意圖，但有可能解決行動上的掙扎。

人們視線範圍內的提示或信號，能自動觸發某些行為，我們有時能意識到，有時不能。這類自動觸發的行為，若牴觸到我們希望自己做出的選擇，或跟我們設法追尋的目標有所衝突，那麼我們的計畫就會因此失敗。

舉例來說，我們跟母親出外吃飯時，看著多年來逼我們吃完盤中食物的母親坐在對面，即使原本想把前菜留到明天當午餐，也會因此自動自發的把前菜吃光。在戒菸的人，經過某個躲在壁凹處點菸的人，或許指尖就會不自覺的癢了起來。努力想減少網路成癮的情況，但一看見訊息提示的亮光，即使剛躺在枕頭上，也會吸引我們一次又一次的拿起手機。在少棒聯盟賽的球場邊緣，看見其他家長對自己的小孩大聲喊叫或逼得太緊，我們或許也會這樣做。下班後出去喝一杯，明明知道自己已經到了極限，但是看見同事走向吧檯，就會刺激我們也走向吧檯。再強調一次，**我們的視覺景框會影響到眼前看見的資訊，並且直接影響採取的行動**。

來談談沃爾瑪（Walmart）的難解之謎。二〇〇八年經濟崩潰，美國人立刻嘗到苦果，近一百萬人的房子被法拍，失去住家，超過兩百五十萬人失去工作。在經濟衰退下，多數美國人的錢包變薄了，在過去很少有人會明顯感受到自己的錢包變薄。道瓊工業平均指數，一年半跌幅超過五〇％。經濟衰退下，勞工階級受到很大的衝擊，但是在這時機中，美國最大零售商沃爾瑪的估值卻是破了紀錄。二〇〇八年期間，道瓊指數市值增加的只有兩家股票，沃爾瑪就是其中之一。美國人的錢包平均小了三分之一，但他們到沃爾瑪購物的次數和數量，卻是逐步成長。為什麼？

雜亂的陳列。

一直以來，沃爾瑪把放上產品的棧板（超大瓶的洗碗精或打折的緊身褲）故意放在走道的中間，彷彿是購物減速丘。並且有意將把貨架裝滿商品，果汁那條走道放滿盒裝果汁，玉米糖放在糖果走道，甚至把各式各樣的枕頭放滿家用品區。裝滿貨架上的物品，購物者可能就會看見沒想過要買的物品，透過這種策略，購物者看到會想「或許需要」而買下物品。以我自己的經驗做為參考，往往買了以後，才疑惑自己實際上想不想要。這種商品陳列是一種視覺上的雜訊，就連有見識且精打細算的消費者，也會被誘惑。

沃爾瑪過去有一段時期，是打造精簡型的視覺經驗，也就是減少商品的陳列、減少堆滿物品棧板、減少消費者的選擇。[7]商場的陳列讓眼睛的負擔更輕鬆，顧客表示自己能更享受購物體驗。但是少了超大的貨架、減少存貨，消費者買的量也變少了。於是沃爾瑪將棧板擺放回來，補齊陳列架的貨物。某零售行銷顧問公司的規畫與展望部副總班・狄桑提（Ben DiSanti），針對此一現象解釋道：「把誘惑放在顧客眼前，銷售額就會增加。」

誘惑的吸引力，不只會影響到皮夾，腰圍也會受到視覺陳列影響。研究人員針對匹茲堡（Pittsburgh）的一千位購物者展開調查，這個地區是「食物沙漠」，通常不太容易取得新鮮蔬果和健康飲食。[8]

受訪者同意讓研究人員記錄他們的身高體重，並且說明他們是在什麼類型的場所購物。研究人員會去查看附近的商店，尤其會特別留意走道末端、收銀機旁的陳列架，會記錄架上的食物是否為含糖飲料、糖果，或富含固體油脂、脂肪、糖的零食，也會記錄是否有全穀產品與農產品。

研究結果發現，社區居民每個月去雜貨店，看到的含糖飲料陳列架約有十四、十五個，降價的含糖飲料超過四款，高脂含糖食物陳列架有二十八個。這些明顯的位置上所擺放的食物，會影響到此區消費者的整體健康。根據統計結果分析，家庭消費者越常接觸到走道末端的含糖飲料視覺陳列，身高體重指數（ＢＭＩ）就會越高。一般消費者去商店的次數，一週超過三次，因此接觸到放在明顯位置的不健康食物後，受到的影響等同體重每個月增加約一公斤。

當然，很多公司都深知狄桑提的說法，消費者看到什麼就會買下什麼，所以廣告業才會使用貨架的結構，框出想銷售的產品，即使這項產品會影響到顧客的健康。因此，二〇一一年，美國菸草業支付高達七十億美元給零售商，是給廣告預算的八〇%以上，目的就是為了把菸品陳列在店內顧客最多的區域，像是收銀機附近、眼睛平視可看到的架上。[9]

產品擺放策略，也適用於碳酸飲料公司。有研究人員針對英格蘭北部某家大型超市，進行為期一年的銷售分析，結果發現將汽水擺放在走道末端的陳列架，年銷售額增加了五〇%以上，這種增長效果，只有「買三送一」的促銷活動能並駕齊驅。[10]

這種情況主管機關當然也很清楚，因此有些政府機關已採取行動反制。比如：二〇〇九年，澳洲境內大部分的州，已禁止菸品陳列架擺放在結帳櫃台附近。[11]法規改變後，年輕人的吸菸率便有下降趨勢。在澳洲政府禁止收銀台附近擺放廣告後，十二歲至二十四歲沒吸過菸的年輕人中，吸菸的機率降低了二七%。

塑造視覺環境能改善健康

景框影響人們的選擇，不全然是造成不好的影響。景象在我們的景框內或景框外，造就了視覺環境，有時也能引導我們改善個人健康。

二〇一〇年，安．桑代克（Anne Thorndike）與研究同仁，以麻省總醫院的自助餐廳為研究場域，觀察視覺景框會如何影響人們在用餐時做出的選擇。[12]

該項研究的第一階段是悄悄進行的，在三個月前，自助餐廳的收銀員趁著沒人察覺時，辨識並記錄消費者購買的食物。接著，研究人員會用不同顏色的標籤標示食物。水果、蔬菜、精瘦蛋白質等，是最健康的綠標食品，黃標是較不健康的食品，紅標食物的營養價值很低或毫無營養價值。幾個月後，研究人員會重新安排自助餐廳的貨架，將綠標食品移到平視高度的貨架上，黃標和紅標食品放在視線不易看見的高處或低處。更動後二十四個月，研究團隊分析購物模式，結果發現驚人的現象。整體上，與最初的配置相比，綠標食品購買量增加一二％，紅標食品購買量下降二〇％。含糖飲料變成大家最不會購買的物品，毫無營養的飲料購買量下降三九％。**將黃標與紅標食物擺放在不顯眼的貨架上，即使產品沒有被撤除，也在消費者視覺上給了警示。**

Google使用稍微不同的手段，也得到同樣的現象與結果。不久前，Google發現到隨著班表的增加，員工腰圍隨之增長。Google員工在公司裡可使用許多的福利設施，大家最常提到免費食物。該公司裡有自家的餐車隊，製作出美味卻罪惡的料理，例如：布拉塔起司核果沙拉、印度烤餅佐燻鮭魚與蒔蘿奶油醬。[13]辦公大樓內部也設有自助餐廳，供應香煎新鮮干貝佐帕馬森乾酪、墨魚汁燉飯、舞菇，餐後還有香蕉起司蛋糕。零食充足得可以當作第四餐，紐約辦公室每一層樓都設有裝滿點心零食的飲料站，有巧克力、堅果、餅乾、燕麥棒、洋芋片、蝴蝶餅、啤酒等。進行該項研究時，發現即使是為了到飲料站拿一瓶水，員工一定會順手抓一把零食回去。

這些食品太誘惑人了，原因之一就是它們總放在顯眼的地方。於是Google替換掉員工視覺景框範圍內的食物，降低不健康食物的誘惑。在紐約辦公室的飲料站，負責整理食品儲藏櫃的工作人員，把瓶裝水擺放在平視高度的貨架上，含糖汽水擺放在冰箱底層或毛玻璃後方。[14]工作人員比較補貨的項目，結果發現員工買水的機率比以前高出五〇%，而選擇含糖飲料的頻率稍微下降。

工作人員還將不健康的零食擺放在不顯眼的位置，員工的視線就比較不會望向零食。像是把巧克力放在收納容器中，把無花果乾、開心果等健康食品放在透明玻璃罐裡。接下來七週，Google 紐約辦公室的員工，從巧克力中吃進的熱量減少三百一十萬卡。

Google 把誘惑放在視覺景框範圍外，其實就是切斷人們的注意力與行動之間的關係。視覺景框可促使人們做出更健康的選擇，這並非 Google 獨有的知識，而且視覺景框對飲食產生的影響，也不是科技圈特有的現象。

在費城與德拉瓦州威明頓，研究人員、非營利的健康倡議者與超市經理攜手合作，試著促使周邊低收入居民，且公司沒供餐的消費者，做出更健康的選擇。[15]

團隊腦力激盪打造出健康的視覺環境，框出健康的選擇，同時要提升水的銷售額。要製作出那樣的視覺景象，需要運用兩種行銷技巧：交叉促銷與最佳擺放位置。超市員工會將瓶裝水放在汽水走道上乏人問津的位置，也會在結帳通道末端的冷藏箱的最上層擺滿瓶裝水，既顯眼又方便拿取，將汽水往下移到看不見的位置。

為了確認瓶裝水的擺放位置是否會造成差異，研究團隊需要更多間店來比較銷售額。研究團隊選擇了位於同區域，並吸引相同客群的店，這些店不會收到陳列瓶裝水的特殊指示，採用向來會運用且顧客習慣的陳列方式。

經理會記錄瓶裝水賣出多少箱。在記錄期間，按自己想法陳列商品的店家，瓶裝水銷售額下降一七%。把瓶裝水放在消費者視覺景框內的店家，瓶裝水的銷售額增加一〇%。

另一項針對超市農產品銷售額的研究，也發現類似的現象。[16]當經理將水果擺放在收銀機附近，水果的購買量會增加七〇%。**水果出現在視覺景框內，消費者就會去拿水果，相反地，水果在景框外，消費者就不會去拿。**

麥克．彭博（Michael Bloomberg）在全球富豪榜排名第十一名，淨值超過五百億美元，他承諾要參與巴菲特的「贈與誓言」活動，捐出所得。他以自己的姓氏，為他打造的全球理財服務與大眾媒體軟體公司命名。他不僅在商界營造傳奇的形象，在政界也有一定的影響力，曾連續三任當選紐約市長，任期期間內，不但關注公衛宣傳活動，還在可行之處改革法規，以期改善市民的預期壽命。他針對在紐約市營業的所有餐廳制定新法案，只要紐約市內餐廳，或全國境內的連鎖店數量超過十五間，就要遵守該法案（想想各種規模大小的連鎖店有多少家吧）。按照法案的規定，店家必須公布熱量，要像菜單上標示價格般明顯可見。麥當勞、星巴克等店家已經在網站、用餐區海報、托盤紙上提供熱量資訊。

每道品項的熱量，必須跟價格一樣容易看見，他解釋道：「如果大家看得到熱量，就會做出不同的選擇。」

彭博努力提升資訊能見度，以阻擋消費者做出不健康的選擇。同時，他也努力降低市區內的其他危害，比如：禁止人們在紐約市的餐廳、酒吧、公園、廣場、海灘吸菸，這些措施成功施行後，他令市議會採行實際措施，以禁止菸品在店內陳列。

彭博促使店家把菸品陳列在不易看見的地方，必須將菸品收在櫥櫃、抽屜裡、櫃台底下或布簾後方，只有當成人要購買菸品，或店員要補貨時，才看得到。雖然紐約市的菸品陳列禁令沒有進展，但是市長還是積極想讓香菸不被美化，並降低香菸的吸引力。彭博說：「不要把香菸當作普通的產品，香菸不屬於普通的產品。」

彭博採取無數的研究結果，提出前述的計畫。而根據研究結果，即使視線範圍內的景象跟內心的意圖恰好相反，還是會影響到人們的選擇。有一項調查訪查了近三千位的吸菸者、戒菸者與正在戒菸的人，結果有四分之一的人表示，就算他們去店家不是為了買菸，但看到收銀機附近陳列的菸品，還是會衝動買下菸。[17]正在戒菸的人當中，每五位就有一位表示，以前常去某些店家買菸，現在都不去了，因為只要一踏進去就會想買菸。

我們無從改變店家陳列的產品，也無法決定產品擺放的位置，比如：汽水或香菸要放在平視的高度，還是高於視線的位置。然而，要阻斷視覺景框對行動產生的影響，提高自己的意識是一種方法。景框範圍內的視覺景象，有可能影響到錢包的厚薄或個人健康，只要知道這點，就能出手干預，避免對眼前看到的景象，做出習慣性的自動反應。

同時，框景方式會直接影響到個人的選擇，只要意識到這點，就能透過改造住家、辦公室等場所的結構，幫助自己做出更好的選擇。視覺景框內的景象會影響行動，因此應該認真看待自己居住空間內的景象。透過擬定計畫、形成意圖，再加上催化行動，促使自己往前邁進，更接近目標。

心理學者溫蒂．伍德（Wendy Wood）發現**景框的內容有很大的力量。**[18]**她將景框內會促進自發行動的煽動者稱為「視覺火花」**。

伍德針對大一新生進行研究，這些學生追求健康的生活方式，但他們剛離家讀書，沒有把握怎麼樣能幫助自己適應新環境，他們很想知道以下問題的答案：早上跑步的話，哪些路線很安全？哪家健身房最乾淨？學生餐廳有沒有健康的食物？

適應新環境雖然很辛苦，但是如果新住處周圍的某些視覺火花跟舊住處相同，較能維持原本的運動習慣，相反地，沒有熟悉的視覺火花觸發舊習，比較難以維持運動習慣。

在大腦裡可以清楚看見視覺火花的力量。當我們做自己喜歡的事，例如：吃美食、做愛、玩電玩遊戲，甚至是吸食古柯鹼，大腦裡的神經元會釋出一種稱為多巴胺的神經傳導物質。研究人員通常會以猴子作為實驗對象研究多巴胺。對猴子來說，參與實驗不算是很壞的交易，因為牠可以喝果汁、做開心的事情。那種快感就像是在狂歡時，用公司信用卡刷卡買酒。

當猴子喝下果汁時，大腦會體驗到多巴胺帶來的快感，猴子學會只要按下按鈕，就能喝到一口果汁。[19]在這個實驗中，有個看起來不是很重要的細節，當猴子走向果汁吧，紅光會亮起，這件事不會造成任何變化，猴子依然會為了喝到果汁按下按鈕。進行一陣子後，猴子心理刪去引發行動的媒介，把紅光和果汁聯想在一起，研究人員發現猴子只要處在紅光的房間，即使沒有喝到果汁，也會分泌多巴胺。

在這個實驗中，紅光為猴子的視覺火花，會觸發大腦迴路產生反應，就如同某些喜歡運動的人，看見附近有健身房，就想跑一下跑步機。

視覺火花不僅會影響到個體，對整體的組織也會有所影響。荷蘭某家電信公司與心理學者羅伯．霍蘭（Rob Holland）的團隊共同合作，檢驗視覺火花帶來的影響力。[20]這間公司的目標，是減少對環境造成影響，經理階層決定目標是讓員工做好紙張和塑膠杯的回收。

他們在公共區域設置回收箱，收集紙張和塑膠杯，有專門團隊會指示員工使用回收箱，並強調回收箱的重要。儘管設立了目標，員工個人的廢紙簍，裡面紙和塑膠杯數量還是沒有減少。

接著，研究人員請員工在一張最後會回收的便條紙上，明確寫下自己的意圖。寫下這類文字：「我喝完咖啡會把杯子放到飲水機旁邊的回收箱。」這句簡單的聲明搭配視覺火花，帶來莫大的改變。在研究人員出手干預前，員工每週丟進個人廢紙簍的塑膠杯，超過一千兩百個，當員工確立可激發視覺火花的意圖，一週後，員工丟棄的塑膠杯不到兩百個。該項策略改善了員工的壞習慣，效果達八五%，並協助公司達到整體目標。

讓目標進入視線之中，激勵自己前行

我們在康乃狄克州的住處，有一個位於地下室的房間，可以用來放爵士鼓。我們之前沒有設計那間房間，現在才發現那間房間沒有對外窗。牆壁是三十公分厚的混凝土，有鋼筋強化。天花板可以支撐迪斯可球的重量。那顆迪斯可球，是彼得為了慶祝我們首次共度耶誕節送給我的（我們倆表達關愛和送禮的風格很特別）。爵士鼓擺在迪斯可球正下方，如果大鼓打得太用力，迪斯可球就算沒開電源，也會開始旋轉。

這個空間有一面牆壁貼滿鏡子，我們推測，前任屋主也許是規畫成健身房或練舞室，也有可能是想在出門前仔細看看自己，這些鏡子讓迪斯可球的光線加倍閃爍。如果你會眩暈的話，最好不要在練習時到訪。

這間房間還有另一項特性適合放置爵士鼓，每當我們要去車庫，必須經過這裡，只要我外出不想要走路，就一定會經過爵士鼓。在門口踢掉鞋子，會看見大鼓瞪著我看。坐進車裡要去買日用品，會被一對鼓棒絆倒（肯定是上次練到很挫折，丟到房間另一端了）。

這間房間是屋內主要的通道，把爵士鼓放在這裡，代表我的視覺景框內有個東西，時常提醒我要把鼓打好，我的景框內有能激發我自動自發練習的火花。有時當我從超市回到住處，看到鼓就會有練習的動力，而來不及冰的牛奶和逐漸融化的冰淇淋就倒楣了。

大家應該都聽過「眼不見，心不想」這句話，火花是否在視覺景框內，對人的選擇和行動有很大的影響，這句話便總結此現象。我們可以特意去設計周遭環境，排除會讓自己減少行動的東西，並在景框內納入會觸發較佳決策的信號。

若把爵士鼓放在我的視線範圍，與沒有火花的配置相比，可以激勵我練習更多次。雖然說不出確切的次數，但我有確實的記錄下來。假期前一週，我比平常更晚睡，每當我經過爵士鼓房，進行計畫外的練習，我便霸占馬提的 Magna Doodle 神奇畫板，記錄我的練習狀況。說到這裡，我不自覺得意了起來，畫板上的記號，多到像是足球場上的痕跡。

看見的景象會影響採取的行動，當我們決定眼前要放置的東西後，做出的選擇也會隨之改變。景框的確立方式，與景框範圍內的內容，會影響到我們把什麼東西放進嘴裡、垃圾桶裡或履歷裡，也影響願望清單中的內容，讓我們檢視哪些事項可以打勾以示完成。

第 6 章

正確讀懂他人，更無往不利

耶誕夜，馬提左搖右晃到處走動。他穿著紅白相間的刷毛連身裝，類似嬰兒燕尾服，上面用黑色的皮帶和皮帶扣裝飾，尺寸簡直是要參加騎牛比賽。我們趁他不注意，幫他戴上深紅色的帽子，帽子有白色的裝飾、毛茸茸的毛球和閃亮亮的雪花。他的穿搭、身高（他的高度只到我的膝蓋）和頑皮的微笑，看起來就像小精靈，不過我覺得他的祖母，一開始應該是想把他打扮成迷你聖誕老人。假如他年紀再大一點，當他在鏡中看見自己的模樣，也許會脫掉這身荒謬的服裝，跟我們斷絕關係。

不過，那天晚上馬提看起來毫不在意，家人全都圍在爵士鼓旁邊，等著聽他演奏。彼得讓馬提站在小鼓旁邊，把兩根鼓棒放在他的手上，我們全都戴上頭罩式耳機，等待表演開始。馬提用力擊打著旋轉鼓，旋轉鼓以前常放在他打不到的地方。他也用力敲打水鈸。不過，當彼得敲打著馬提背後的大鼓與腳踏鈸，馬提停下他打出的不和諧聲音，轉頭看，彷彿質疑彼得是否有權加入他的樂團。馬提顯然是認可了他聽到的樂音，因為他開始以美國歌手史提夫汪達（Stevie Wonder）的風格擺動身體，跟著彼得的節奏，像爵士音樂家般點頭。

畫面定格，跳轉至約一週後。

暴風雪來了，外面氣溫太低，沒辦法帶小孩出門，要是帶孩子出門，兒童保護單位會上門的。馬提和我關在室內的時間比平常還久，即使快要無法承受，還是努力保持內心穩定。翻過馬提的玩具箱和藏書後，發現居家活動需要一點新意。我覺得可以跟兒子一起重現耶誕節表演，自己也可以抓緊時間練習。我們倆走向爵士鼓，我抱著馬提坐在爵士鼓後方，讓他坐在落地中鼓的鼓皮上，我們倆各拿一對鼓棒。他敲打碎音鈸，而我轉開音響，播放〈你的愛〉。

我決定只專注於敲打大鼓、小鼓、定音鈸，我可以確定，在嗜好剛萌芽的階段，協調兩手一腳，是個奢望。馬提就像耶誕夜跟彼得一起演奏的那樣，我一敲打著他周圍的鼓面，就停下動作，但他沒有表現出〈迷信〉（*Superstition*）這首歌的情緒，也沒有手舞足蹈，更沒有點頭。他完全沒有沉浸在其中，毫無節拍可言。他望向我的表情，應該是我第一次在自家孩子的臉上看見的嫌惡表情，這孩子可是連自己的尿布都會拿起來玩。看來我爛透了。

其實有這樣的結果不該感到意外，因為自從我開始撰寫這本書以後，直到暴風雪發生前，我故態復萌，進展相當緩慢，用這種說法形容，算是誇大其詞，應該說我的決心都消散了。打鼓的時間少於搖沙鈴哄兒子的時間。每當兒子大搖大擺到處走，一邊唱著他創作的版本，只有媽媽會喜愛、會聽得懂的〈小小蜘蛛〉（*The Itsy-Bitsy Spider*），我就在旁邊搖著沙鈴。

我離開鼓椅的原因很多，我的重要計畫只能進行到這個程度，或許你有某些計畫也是如此。我們在中途迷了路，終點線還跑到視線範圍外，從旅程起點出發已經走了很久，此時正是興致褪色、承諾消逝的時刻。

我很想說：「時間實在太少了！」想說我去國外出差時，禁止敲打樂器。想說有人偷走我們家的爵士鼓。想說我握鼓棒的手指意外斷掉了。前述說法都不是真的。

不過，我把進展失敗的其中一個原因，歸咎在我丈夫的臉上。

我第一次坐在爵士鼓後，他露出開朗的微笑，還真誠鼓勵我，回頭想想，可能是我搞錯了，其實他是嚇到了。我憑著新手運，將鼓竟然打得還算不錯。可是，第二次、第三次、第四次坐在爵士鼓後，他的微笑變成一條水平線，彷彿我當搖滾明星的可能性。丈夫、爸媽和朋友全都說想聽馬提打鼓，不想聽我打，但我不怪他們。某天下午，我坐了下來，錄下自己打小鼓、大鼓和定音鈸的聲音，連我自己都嚇得目瞪口呆。

老實說，彼得會露出那種表情，實在不能怪他。問題不在他沒有微笑，也不在他露出苦相，而是在我從第一堂課到現在，都希望他只給我正面評價，希望他對我說：「妳做得很好。」其他的話都不要說出口。

正向評價不能激發動機

「Floccinaucinihilipilification」是英文字典裡最長的單字，也是美國人不計代價想避開的單字，不是因為這個單字很難發音、很難拼音，而是因為這個單字牴觸我們對於推動自身走向成功所懷抱的核心信念，我們總是想要關注正面、避開負面，但這樣是不行的，就好比我練習打鼓般的行不通。

「Floccinaucinihilipilification」一字，據說是十八世紀中葉，由博學（可能還很無聊）的伊頓公學學生編出，字源是幾個拉丁字，而那些拉丁字有「一小簇毛髮、瑣碎的東西、微不足道的東西」等意思。

這個單字後來用以指稱，人們描述或認為某件事，毫無價值的行動或習慣。這個單字除了是古代的玩笑話外，也可以說是文化上的禁忌。我們盡一切的可能不把自己想得很平庸，努力保有健康的心態和視角，一遇到難關，我們可能會認輸，害怕失敗會危及我們對自己抱持的觀點。

我們之所以追求正向自我肯定，其中一項原因是，我們認為正面肯定是維持動力的最佳做法。我的研究團隊調查全美各地四百多人，結果發現超過九五％的受訪者認為，對自己抱有正面看法的人，與抱持負面看法的人相比更有成就。由此可知人們偏好尋求的意見類型，認為雇主給予的讚美應多於批評，績效表現才會有所提升。朋友要激勵我們時，應該給予認可，而不是批判分析。家長認為老師應該給小孩正面的意見，小孩才會更加進步。

然而，根據科學研究並不是如此，付出努力不一定能獲得正面評價，就像是我那乏味的打擊演奏，獲得正面意見反而產生反效果。佛羅里達州立大學心理學者羅伊．鮑梅斯特（Roy Baumeister）針對兩百多項研究，與數千位受訪者的調查結果進行分析，發現為了提高自尊而提出的意見、績效考核、讚美等，無法幫助人們更容易達成目標。[1]

也就是說，正面肯定自己，並不會提高工作表現的品質。培養孩子的高自尊，在校成績並不會提高。高自尊者並沒有比較容易成為領袖，也不會更受人喜愛，雖說高自尊者會自認比較受歡迎，並且社交技巧較佳，但他們行動衝勁跟其他人一樣，也不會比別人更加寬宏大量。

鮑梅斯特本人對這樣的研究結果感到訝異，用他的話說，這項研究結果，在他的職涯中，是最失望的。

正面的意見與良好的自我觀點，其實並不會讓人有更大的成就，而這點似乎與我們抱持的基本信念相悖：誰的人生有最大的成就，就應該懂得如何激勵自己做更多事情。

那麼，如果獲得令人感覺良好的正向意見，無法得到激勵，可以從哪裡獲得呢？其中的答案就在於「正確讀懂別人」，就算對方對我們說的話可能不完全正向，也還是要讀進去。

當然，鼓勵會讓人感覺很好，讚美會使人的臉龐不自覺露出微笑。然而，恭維的話不一定能鼓舞我們。有時，當我們知道自己哪裡有不足，才會受到刺激並付諸行動。

慈善募款人知道這點，跟學術界研究人員共同合作，證明過失為何比展示成就還更有激勵的效果。國際希望會（Compassion International）南韓辦公室與社會心理學者艾耶樂·費雪巴赫（Ayelet Fishbach）攜手合作，為新的宣傳活動募款，以幫助非洲愛滋孤兒。[2]

該團隊會請定期捐款者捐款，並向他們回報目前進度。有些定期捐款者收到的募款信是正向內容，信上寫著該宣傳活動收到的金額，已達捐款目標一萬美元的五〇％。其餘的定期捐款者也會收到一樣的資訊，但是採用負面的方式表達，內容提到，組織距離目標金額還缺少五〇％的金額。

哪一種做法能激勵捐款者額外給予經濟上的支持？是負面意見。定期捐款者認為，自己捐助的資金不足，慷慨解囊的人數成長八倍之多。誠如該宣傳活動所示，有時還是必須真正認清眼前情況，即使偶爾被認為毫無價值也要去做。

學習讀懂他人的表情與情緒

只要看懂別人的表情，了解真正的含意（即使是負面的也好），而不是期望對方做出某個表情，這會造就贏得或失去交易的差異，獲得升職或留在小辦公室的差別。是否對自己做的事情感到滿意。

在任何職業領域、在人的一生中，善於讀懂別人情緒的人，會過著更快樂、更有生產力的生活。即使是年紀小至七歲，能讀懂他人的孩子，即使看見的跡象不是正向的，他也會是學業成績最高的孩子。[3]經理若能讀懂情緒，就能打造出心理健康的環境，員工應對客戶的方式也會隨之變化，提高每月銷售量。[4]醫師若能判斷患者的情緒，就比較不會因醫療失當而被起訴。[5]

某項研究以新加坡的商學院學生為實驗對象，研究顯示若擅長讀懂情緒，就能為自己、為交易中扮演買家角色的學生，創造出更高的價值。[6]雖然讀懂他人可帶來滿足感和利益，但並不容易做到。此時便是下一篇故事開始的時候。

某個晚上，我搶到紐約藝術學院的翠柏卡舞會（Tribeca Ball）的票，這場活動可以攬伴參加，為年年舉辦的慈善活動。所在地點有約一百個隔間，讓藝術家可以工作。為了舞會之夜，藝術家把創作用的印刷機和鋸子擱在一旁，把窯的炙烈溫度降低，還晾乾筆刷，但幾天前濺在地板上的顏料，還捉弄著派對賓客華麗的高跟鞋鞋跟。每處空間擺滿藝術作品，供人欣賞、購買或食用，不小心留意的話可能還會踢到。

那晚，活動主辦人的朋友帶我出席活動。主辦人有著安迪·沃荷（Andy Warhol）的淡金髮色，正忙著四處招呼客人。我被人流推著往地下室走。聚光燈照亮隱蔽的地下空間，那裡每一寸都漆成白色。我跟另一位同樣也是隨波逐流的獨行者對上眼。我微笑，覺得我倆有點迷失在超現實的場景中。

「嗨，」他說：「我是丹尼斯。不好意思，需不需要幫妳拿那個？」希望他的意思不是要幫我把牙縫裡卡的菠菜拿出來，因為剛才走進地下室時，在菜盤上順手拿了希臘菠菜派。此時我的焦慮滿溢。

我還沒回應他，他就先伸手到我的肩膀後面，拿了一顆萊姆，回過神，他雙手拿著一疊牌，萊姆消失了。

「我是魔術師。」他解釋道，這點顯而易見。

後來，我得知丹尼斯・基里亞柯斯（Dennis Kyriakos）是來工作的。他接受邀請出席活動，在漫步穿梭於展廳，耍弄戲法和錯覺，讓賓客看得目眩神迷。

我抽出一張牌，在黑桃八牌面寫上我的名字，那張牌被塞回一疊彎折的撲克牌裡，幾分鐘後丹尼斯再將牌塞進錢包中，他的雙手從來沒離開我的視線，或者應該說，我以為沒離開。他請我伸出手，我看著他把一顆紅球放在我的掌心，然後他請我握緊拳頭。我張開手後，紅球變成兩個軟軟的深紅色物品，但我在握緊拳頭時，完全沒感覺拳頭裡有任何變化。我被魔術迷住了，努力在活動中維持的上流社會禮儀也隨之消失。

那晚以後，我曾經多次請基里亞柯斯表演給我的學生看。我的授課內容是視覺注視與注意力，基里亞柯斯的表演，可以讓學生親身經歷。敏捷的戲法總是讓我們反應不及，不由得猜想怎麼可能做得到剛剛看到的那些畫面。學生都很愛他，不只是因為學生們想多看他表演，少聽我講課。

他總能讓觀眾欣喜若狂，我問他是怎麼辦到的，他說：「要會讀懂人。」基里亞柯斯向我解釋，他小時候害羞又彆扭，常被欺負霸凌，他需要一個不同的面具人格，最後，他在魔術中找到了。

書告訴我，我可以成為派對的活力泉源。「想要成為大家注意的焦點？學魔術吧！」於是我開始學魔術，還體會到大家其實都一樣。沒人想被當成笑柄，沒人想被當成傻子，當時我不想要那種感覺，現在也不應該有人有那種感覺。所以當我在表演的時候，務必要懂得人們的感受，找到屬於那些人的心態，讓他們可以跟我一起共享這段經驗。

我很想知道他是怎麼從觀眾中找出樂意參與的人？

「有些人表現得很明顯，我會去找對我點頭的人。至於交疊雙臂，臉上寫著『你騙不倒我』的人，我就會略過。人們臉上的微笑是否真心，看眼睛就知道，而不是看嘴巴。另外還要留意，有種人會突然從座位上跳起來大喊：『我超愛魔術！』這種就太過頭了。一定要是適當的活力。」

正確讀懂別人的情緒，出乎意料地困難，即使對基里亞柯斯這種另有妙招的人來說，也很難做到。

視覺科學家杜詩釧（譯音，Shichuan Du）與艾力克斯．馬丁尼茲（Aleix Martinez）的研究結果可作為明證。[7]兩人拿出一百多張相片，請一群大學生和職員看完後指認相片中的臉孔，屬於六種表情中的哪一種。展示每張相片的時間約半秒鐘，時間足以看見臉，卻無法細看細節。研究人員會請他們以第一印象和最初的感知判定。大致上，這群人曉得快樂的樣子，九九％都準確無誤，而恐懼是最難讀懂的，只有約五成的受試者辨認出，之所以犯錯，是因為他們把「害怕」的臉孔看成「驚訝」。

受試者們除了會混淆恐懼和驚訝外，還很難認出其他情緒，約四〇％認不出生氣的表情。當出現生氣的臉孔時，約有四分之一的受試者，確信自己看到的是悲傷或厭惡。受試者也很難明確認出厭惡的情緒，受試者可能會把厭惡誤認為生氣。

我們可能會覺得，某些人應該善於讀懂他人情緒，但其實那些人也跟我們一樣，認為讀懂他人很難。約三十年前，社會心理學者保羅．艾克曼（Paul Ekman）測試不同群體的人，有多擅長讀懂表情，判斷出說謊者與說實話者。[8]他以大學生，以及他認為擅長辨識詭計的人們為對象展開研究，例如：精神科醫師、刑事調查員、法官、匡提科負責測謊的聯邦探員，還有美國特勤局探員。

艾克曼讓各群體的受試者觀看影片，影片中的受訪女性，會針對她們剛才看的電影發表心得，所有女性的反應都很正面。這之中不是所有人都說實話，有些女性看的是大自然電影，真心感到快樂又滿足，有些女性看的是有著可怕畫面的影片，內有截肢和燒傷患者，但這些女性卻撒謊說看完電影後感到開心。受試者知道有兩種可能性，卻沒辦法辨別那些女性看了哪種電影。而受試者的任務，是猜出哪些女性在說謊，哪些女性說實話。

不出意外，大學生很難區分差異，答對的比率，相當於沒有實質見解和能力可以讀懂情緒，或是隨便亂猜的人。

不過，有些受試者接受過訓練，或者可能天生比較能讀懂別人，對吧？像是精神科醫師是精神領域的專家，測謊機技師的工作是操作機器測出欺騙指數。但在艾克曼的測試中，這類群體的準確率跟大學生差不多，相當於隨便猜中的比率。換句話說，這些群體基本上是用猜的，還猜得很不準。

但是在這個測試中，只有一個群體猜中的比率高於隨便猜，就是特勤局。特勤局探員有六四%準確猜中，有些人的表現十分優秀，有十位探員的正確率超過八成。

艾克曼不由得猜想，是哪項因素得以區分說實話者與說謊者？特勤局探員注意到什麼關鍵，是其他群體沒注意到的？結果發現，探員接受的訓練，能讓他們密切注意某些臉部動作，繼而察覺謊言。艾克曼重新觀察影片裡女性的表情，了解到探員看見的畫面：當女性表示自己覺得很開心時，說實話和說謊話的人露出的微笑，有著細微的差異。

人的眼周有著皺眉肌，會在感到痛苦的時候移動，例如：陽光很強時就會瞇眼睛，鼻子周邊的肌肉會運動，皺眉肌將眼皮往下拉，以避開強光。[9]或者，當人們皺眉時，眉毛內側肌肉拉扯形成紋路，此部位也是有些人打肉毒桿菌的地方。

當實驗影片中的女性謊報自己的感覺，皺眉肌能看出端倪。嘴唇也看得出來，有些人說謊的時候，上唇會往上翹，嘴角會稍微往下彎，帶點厭惡感。即使她們使用的字眼和表達都同樣地令人信服，也露出微笑，但她們先前於電影中感受到的厭惡感，會悄悄滲進她們的表情裡。

框出關鍵畫面，正確讀懂他人

也許我們永遠都不會坐在保羅．艾克曼的面前，也永遠不會被特勤局的探員包圍，但我們很可能在某一刻，會迫切想知道自己關愛的人是不是不開心，想知道孩子是不是真的快樂，想知道主管是否滿意。要怎麼做才能讀懂真相呢？要讀懂別人「透露」的情緒，關鍵在於框出畫面，知道視線該看向哪裡，能學會讀懂情緒。

不論是真笑還是假笑，微笑都會收縮嘴巴周圍的肌肉，若要區分真微笑與假微笑，眼睛是關鍵。從眼睛外角眼輪匝肌的使用方式，可以區分出表情的真誠與否。若是真正的微笑，眼輪匝肌會收縮，拉扯眼睛旁的皮膚，產生魚尾紋。不是自發露出微笑，會用到雙頰的笑肌，把嘴脣拉到正確的形狀，眼周不會出現魚尾紋。

那麼要如何辨別「開心的訝異」與「討厭的恐懼」呢？這兩種表情都會揚起眉毛、睜大眼睛，看起來有點類似。其實這兩種情緒的差異，從嘴脣就看得出來。嘴脣拉長、嘴角收回的肌肉動作，能確實區分恐懼與訝異。若是訝異的表情，嘴巴往下拉的幅度會多過於恐懼。

生氣與悲傷其實有些相似，如果想辨別這兩種表情，只瞥一眼，可能會混淆兩者，因為都會將眉毛壓低、眼睛閉上。嘴巴的表情看起來也相當類似，緊閉嘴脣，可能會被認為是壓抑的憤怒，也有可能是厭惡。[10]如果要讀懂生氣的表情，視角要框出嘴巴和鼻子。生氣時，降下脣肌會保持緊繃，把下脣往下拉成水平線。傷心時，嘴角會往下朝向地面。當生氣與厭惡的感受很強烈，看鼻子就能區分表情，生氣時鼻子會稍微皺起來，厭惡時鼻子會皺成一團。

當我們設法讀懂他人的感受時，要知道視角應該框出臉孔的哪些部分，這當然不容易。表情也許只出現一瞬間，沒辦法好好端詳。

我們在判斷別人的感受時，可能會搞錯，也可能看見別人沒看見的東西。之所以會有這樣的視覺差異，其中一個原因是，人的表情特別多，我們往往會同時感受到多種情緒，這些情緒全都會展現在臉上，所以當我們從別人的臉上看到矛盾的訊息時，就很難讀懂或直覺知道別人的感受。

拿圖表6-1的相片為例。那張是我的相片，有著自然的皺紋，我知道那不是特別討人喜歡的畫面，要有不少的謙虛和十足的勇氣，才敢張貼到社群媒體網站上。我不僅貼出這張照片，還請別人描述第一眼在我的臉上看到什麼表情。你也可以試試看，在這張相片，看到了什麼？

約有一百人回覆，以一個形容詞描述相片上的表情。就算每個人看到的都是同一張相片，卻能看到三十種不同的情緒。在圖表6-2的文字雲中，最常出現的答案用較大的字體表示，少見的答案則是較小的字體。一眼看過去會發現，這群人多半在相片中看見負面的感覺，最常提到的三個形容詞是「不舒服」、「憂慮」、「尷尬」。有一五%的人看到的是全然不同的東西，他們看見正面的表情，例如：開心、喜悅和頑皮。

圖表 6-1　在這張相片上你看到什麼？

圖表 6-2　受訪者對圖表 6-1 的感受

人各有獨特的視覺詮釋，而人與人之間的的關係，會因視覺詮釋受到影響。為了證明這點，我與社會心理學者威廉．布雷迪（William Brady）設計了嚴謹的測試，以檢視人們如何讀懂臉孔。[11]

我們收集三十六張包含矛盾訊息的相片，相片上有皺眉微笑的男性和女性，每個人同時表現正面和負面的表情。拿其中一張相片為例，有個男人皺起雙眼外緣，表示他很快樂，同時男人的嘴脣邊緣往上翹，代表鄙視或厭惡。我們用這張相片詢問三百多位有穩定交往關係的成人，請他們判定相片上的人，情緒看起來是正面還是負面。

我們分析所有受試者判定的結果，可以得知他們在視覺上，框出了臉孔的哪些部位。如果受試者表示，相片上的人多半為正面情緒，那麼他們是框出臉上表達快樂或開心的區域。如果受試者認為是負面情緒，代表他們框出臉上表達生氣或傷心的區域。

我們認為視線框出的部位會引發誤解，當問題出現時，關係間的衝突或許因此而產生。我們請受試者思考，哪些關係上的問題，會讓他們感到煩惱或厭煩。受試者提到家務分配的失衡、經濟壓力、小孩教養上的意見差異等，這些事讓他們感到氣餒、激動、生氣。有些人認為吵架是傷感情的戰鬥，有些人把吵架當成是關係中的小挫折。能準確辨認情緒或讀懂正、負面情緒，代表著能辨識出伴侶表情的含意。令人意想不到的是，當衝突發生後，竟然會覺得吵架是好的。

讀懂負面情緒不一定會令人難受、失望，或許能因此更真切理解關係中可以修正的互動。有時我們不一定能理解某人的反應，有時我們不只要理解一個人，可能必須讀懂群眾。

即使你不是紐約人，沒有在時代廣場的交通尖峰跨越馬路的經驗，你有可能還是會討厭人群。無論你在哪，總有一處會成為你擔心的根源，例如：在滿是聽眾的大廳發表演說。

某項調查訪問全美八千多人，發現公開演說是人們最常見的恐懼。很多人表示他們害怕演講的程度勝過死亡。人們之所以討厭公開演說，其中一項原因是大眾的反應，他人反應很重要卻又難以預料，但我們卻不自覺在乎他人對我們的看法，因此別人對我們的贊同或反對，顯得加倍重要。投資富豪巴菲特長久苦於這種焦慮，只要是必須大聲發表的大學課堂，他就會翹課。[12]如今，每年的股東大會，他要接受四萬多位出席者的提問，長達五小時。

我們對公開演說的恐懼，不只發生在特殊場合。小組會議上提出季度報告、婚禮中發表感人賀詞，任何會讓人心跳加速的公開演說，都會使人心生恐懼。只要思緒還沒準備好，不管對象人數是多是少，都同樣可怕。

要怎麼讀懂一群人，判定他們會起立鼓掌還是會回以尷尬？關鍵在於我們怎麼去讀群眾的表情。我們如何看待眼前人們，掃視現場時將目光放在哪裡，這些能幫助我們判定群眾的反應是贊同還是反對。在這種情況下，我們一定會希望能從人群中獲得鼓勵，期望別人讚美我們，為我們帶來安心感，戰勝公開發表的嘴乾和焦慮。只要懂得框出畫面，在群眾前面就不會有瀕死之感。

克里斯·安德森（Chris Anderson）出生在巴基斯坦的偏遠村莊，父母是傳教士。他就讀牛津大學哲學系，曾經在塞席爾群島創立一間世界通訊社，也曾經在英國早期的兩間電腦雜誌社擔任編輯。這些事可能不是我們認識安德森的原因，人們得知安德森是因為他創辦了TED。

TED是非營利組織，致力找出「值得遠播的想法」。TED每年都會舉辦大會，邀請各領域的傑出人物擔任講者，包括：技術、娛樂、設計、藝術、科學等領域。講者最多有十八分鐘的時間，分享他們對社會最創新、迷人的貢獻，主題從高潮學到教育改革，五花八門不設限。很多人答應安德森的演講邀約，資訊娛樂更讓TED演講觀看次數超過十億次。

二〇一三年的TED活動，安德森與徵選團隊嘗試了以前從未試過的做法，環遊世界，踏上六大洲，造訪每座城市聆聽獨特故事。安德森在《哈佛商業評論》（*Harvard Business Review*）的一篇報導中，回想當年的偵查遠征壯舉。

他們聽了約三百個故事，有一個故事特別吸引人。安德森抵達肯亞，見到了肯亞最年輕的專利權人理查・圖雷利（Richard Turere）。他住的村莊位於奈洛比國家公園邊緣的基坦吉拉，獅子會在夜晚襲擊村莊，他從六歲起就負責要保護家裡養的牲畜。獅子很機靈，部落教給圖雷利的手法威嚇不了獅子，家畜持續遭到殺害，曾經有過一週死了九頭牛。有時部落人民也成功抵擋獅子的威脅。

圖雷利運用試誤法學到，只要他拿著手電筒走過牧場，獅子就會保持一段距離。然而，圖雷利當時還小，牧場卻太大，為了有效解決困難，他拆開爸媽的收音機，用自學的電子工程，把幾片太陽能電板、汽車電池與機車方向燈組在一起，打造閃爍的燈具。他在夜晚的牧場營造出人類在移動的錯覺，獅子不再襲擊村莊，肯亞各地的村莊運用他的想法，裝設「理查防獅燈」。

安德森聽完故事後，認為很值得分享出去，於是邀請圖雷利出席二〇一三年的TED，說出他的故事，當時年僅十三歲的圖雷利，是站上舞台的最年輕講者，他的英文不是很好，發表演講的地點也不是他熟悉的故鄉肯亞，因此他鼓起勇氣，第一次搭飛機前往加州。在練習演講時，他說出的句子凌亂又生硬，若照這樣的狀態在一千四百名的現場聽眾面前演說，情況可能不會好轉。

TED 工作人員跟圖雷利一起合作，幫他框起故事，練習演說。如果有看過圖雷利的演講，就會發現他很緊張，但他還是讓聽眾沉迷其中，並在演講尾聲起立鼓掌。安德森和 TED 工作人員為了幫助圖雷利應對緊張感，給了什麼樣的建議呢？

「在聽眾席的不同區域，找出五、六位看起來友善的聽眾，演講時看著那幾個人的眼睛。」

參考德州大學達拉斯分校強納森．夏斯汀（Jonathan Shasteen）帶領研究人員所得出的研究結果，就可得知 TED 的建議為什麼會如此見效。[13]

研究人員使用精密技術追蹤人眼動作，在人們不知情，錄製人們掃視群眾臉孔的情況。研究人員將感測器嵌入電腦螢幕的邊框，錄製人們的視線，發現掃視人群的方式，會影響到我們的思維，若以為別人對我們有意見，站在別人面前就會心生恐懼。

當我們掃視臉孔時，眼睛落在生氣臉孔的速度會快於快樂臉孔。如果任由我們自行決定，視線會移向敵意的跡象，錯過鼓舞的跡象。由此可見，安德森建議框起特定人的臉孔，就有如中和劑，讓我們對群體的印象更合乎真相。

根據其他研究，顯示人們隨著年齡的增長，越會自然地採取這種策略。年長者對自身所處社交環境的看法，會更接近TED工作人員給圖雷利的指導。就年紀較長的成人而言，眼睛凝視的策略模式，可以促使他們感受到較高的情緒滿意度。[14]

在面對人群時，練習框出快樂，能帶來的好處多多。在小時候養成這種習慣，能對未來發展有幫助。[15]臨床醫師發現，若年紀小的孩子有社交焦慮，只要學著去找出周遭的微笑，不注意皺眉，數週後，嚴重的症狀會減少，甚至有半數的孩子在執行這樣的策略後，不再符合焦慮症診斷要件，而控制組的孩子有九二%還是符合診斷要件。同理，在大學生讀書準備期末考的那一週，只要練習把注意力放在人群中的微笑臉孔，他們對即將到來的期末考表現，壓力就不會那麼大。[16]

同樣的做法對業務員也有相同的效果。[17]某項研究中，請電話推銷員在掃視人群時，練習框出友善的臉孔，後續電話銷售（不是面對面銷售）一飛衝天，增加近七〇%。電話推銷員在進行框出微笑臉孔的練習前，平均聯絡十三人才完成一筆銷售，練習之後，每聯絡七個人，就能完成一筆銷售。研究人員發現業務員只要反覆練習框出快樂臉孔，不再去關注生氣的臉孔，用以表示人體壓力的皮質醇會因此降低。練習框出友善的臉，就會逐漸獲得沉著的信心，直接影響獲利。

框出失敗，換個角度思考失敗

根據研究顯示，當我們相信自己有學習與成長的機會，幫助我們準確觀看世界的景框能產生最高的效用。

史丹佛大學的心理學者卡蘿・杜維克，專門研究動機與成就。[18]她發現，人們在努力邁向目標時採取的心態，可以預測出長期而言誰會成功、誰會失敗。根據她五十年的研究，若人們遇到全新的經驗時，相信自己投入心力就能學到寶貴技能，這時他們只要知道自己真正所處的位置，就會獲得啟發。而這些人抱持的心態，就是所稱的「成長心態」，他們會把新奇的經驗看成機會，可以培養健全的學習熱情。

找出你不知道的事，及展現你確實知道的事，兩者同等重要（如果前者的事件重要性沒有高於後者的話）。由此可知，失敗不能定義一個人，失敗是發展過程的一部分。

然而，她發現有些人接觸未知領域時會提心弔膽，在這些人的眼中，失敗可能是該死的經驗。這時這些人抱持的心態，就是「固定心態」，他們認為性格與個人特質不會改變，人類的智慧或能力有一定的程度。在這些人看來，表現不佳就表示缺乏能力，並且這點是無法克服的。因為失敗會定義他們整體的樣貌，所以這群人的目標不是學習，而是獲勝。固定心態者認為冒險可能會暴露自身的過錯和弱點，於是與其冒險讓別人發現他們沒能力，寧願連試都不試，逃避學習的機會，最終蒙受其害。

這兩種不同類型的心態，會影響到大腦回應自己犯下錯誤的方式。

以測驗評估個人的心態

有個測驗是以杜維克的研究成果為基礎，可用來評估人們是抱持哪一種心態。你可以試著做做看以下的測驗。圖表 6-3 有三句話，你同意的程度如何？請使用以下等級來表示。全部答完後，把等級加總後除以三。

圖表 6-3 心態測驗等級表

題目	1 非常同意	2 同意	3 多半同意	4 多半不同意	5 不同意	6 非常不同意
1. 你具備一定程度的智慧，其實不管做什麼都很難有變動。						
2. 你的智慧跟你有關，而且你無法做出太大的變動。						
3. 你可以學習新事物，但基本的智慧無法變動。						

沒有一定的分數判斷抱持的是成長心態還是固定心態，因為你對能力抱持的信念有所變化時，分數也會隨之變動。不過，一般來說平均分數較高（例如：四分以上）的人，通常會認為人可以學習新技能，平均分數較低（例如：三分以下）的人，通常會認為人無法真正改變智慧，人生來具備一定程度的智慧，做什麼其實都很難增長智慧。

密西根州立大學心理學者傑森・莫澤（Jason Moser）及其同事把以上的心態測驗給

受試者測試，並設計出另一項有趣的測驗，是一種圖像搜尋遊戲，受試者要快速又準確地找出圖像有沒有不相符的地方。[19]研究人員會詢問受試者，邊緣與中間的圖像是否相同。在學生接受心態測驗時，會戴上EEG帽，以測量腦中六十四個點的活動。莫澤對於「Pe信號」特別感興趣，Pe腦波會在人意識到自己犯錯時達到高峰，只要人意識到錯誤，不用五分之一秒的時間，Pe腦波就能偵測得到，比彈指還快。

當學生思考「智慧是天生具備還是後天培養」這個題目，莫澤會知道學生的心態是偏向成長還是固定。莫澤可以根據心態上的差異，預測哪些人的大腦會注意到自身的錯誤，哪些人的大腦會否認自己犯錯。

成長心態者呈現出的Pe振幅會提高，就腦神經方面而言，這表示他們承認自己犯錯。與成長心態者相比，固定心態者的腦神經曲線圖無聲無息，彷彿認不出自己犯錯。

若想要改善在此項測驗的表現，「認清錯誤」是關鍵，Pe反應較強的人，能有較好的工作表現。因此**抱持成長心態**，**能更快認清錯誤**，**有效幫助學生學習**、**恢復**、**改進**。

若能注意自己犯下的錯誤，並且將犯錯視為成長機會，而不是代表沒有能力，就能擁有更健康的心理，獲得正面幸福。研究人員訓練NCAA一級運動員採取成長心態，學習把失敗的可能性視為進步的機會，從而減輕壓力，更懂得處理內心的失望感，就會有更大的心力投入運動中。[20]另一項研究是訓練大學划艇員採用成長心態，培養出強悍心理，會對自己達成目標的能力，抱持更強烈的信念，這正是成功的關鍵要素。

成功代表的不只是速度快上幾秒，也不只是準確投進三分球，成功或許可以用「重生」的形式來表現。

貝特妮．漢彌頓（Bethany Hamilton）是專業衝浪手，她曾經歷過可怕的意外，人生方向就此改變。[21]她從八歲起就贏得多場比賽，二〇〇三年，十三歲的她跟好友艾拉娜．布朗查（Alana Blanchard）一家人，前往考艾島特諾斯海灘衝浪。光線完美的早上七點半，沙子是金色的，灣口的懸崖覆滿綠意，幾隻海龜在身邊悠游。漢彌頓躺在自己的衝浪板上，左臂垂進水裡，此時一隻約四公尺長的虎鯊游了上來，咬了她。

幾位友人送她回到岸上，布朗查的父親用衝浪板的背帶做成止血帶，連忙送她到醫院。她失去體內六〇%的血液，進入休克狀態，左臂幾乎全沒了。在攻擊事件發生三週後，貝特妮．漢彌頓就出院了。出院後一週，她再度回去衝浪。不到一年時間，她參加澳洲全國學術衝浪協會的比賽，贏得冠軍，如今更是全球前五十名女衝浪手。

在很多人眼裡，失去一條手臂等於事業結束，特別是漢彌頓，身為衝浪手，那幾乎等於是事業才剛開始就要結束，用一隻手臂划水相當困難，而且幾乎保持不了平衡。

然而，漢彌頓不這麼想，她抱持著成長心態。她如此描述自己的心理狀態：「無論碰到什麼處境，都要一心一意去做自己想做的事，並且保持良好的態度，我認為這樣就能成功。」她把意外看成機會，要向她自己、向世界證明她能夠重新學會衝浪。

我們或許不會在有鯊魚的海洋上衝浪，或許也沒有要登上全國冠軍地位，但是在努力邁向目標時，抱持成長心態的重要性是相同的。正如任何一種對自己來說至關重要的嚮往，在追求成功時，時常會留下失敗的印記。我們不可以逃避失敗，也不該執著於展現完美。杜維克教導人們採用「演進好過現狀」的心法，接納過失，找出可以改善的地方，並承認那些地方意味的缺點。框出有建設性的批評，便是通往成功的墊腳石。

我上了六堂左右的私人衝浪課程，老師十分優秀，但我的技術依舊不好，我無法做出浪來上板這類簡單的動作，即便如此，老師還是以超群的耐心和友誼持續指導。我的滑雪技巧也不太好，第一次從斜坡上滑下來，膝蓋就進行六個月的復健重建手術。然而，我不會用這些運動上的出醜來定義自己。我努力過，行不通，但摔倒沒那麼痛，我會繼續不斷嘗試。

說到撰寫這本書，我經歷過的失敗，跟前述運動壯舉有著相同的苦痛。當初就各章內容和想傳達的訊息進行腦力激盪，計畫總共塗塗改改有九次之多，而從一個想法發想出下一個想法，八〇%左右的見解都被我捨棄了。感覺像是窮盡心力為了造就引以為榮的事，就好比努力上板衝浪那樣，我改寫下一個版本，這時我可能把注意力放在刪去的內容上，看見了捨棄的片段就認為那表示我沒能力。我也有可能會想：「也許我不具備當作家的能力。」抱持這種心態肯定會造就失敗的成品。無論你具備哪一種技能，有這種心態，會認為自己無法進步到足以達標的水準。

本書計畫階段的八個版本，現在都在我的資料夾裡，有如永遠不會讓觀眾看到的影片粗剪版。這些版本扮演著重要的角色，每一版中，我努力轉變思維，再次嘗試新方針。我將這八個版本，當作馬拉松里程路牌，也把它們看成是旗幟，代表這趟冒險的重要時刻。跑紐約市馬拉松時，跨越皇后大橋進入曼哈頓，之後進入中央公園，跑最後一段路程，這些路標都是跑者要留意的地點，分別代表著挑戰的進程。而讀者永遠看不到的各個修改版本也是如此。

我還收藏了一些證據用來證明打鼓的進展，而那些證據永遠不會見光。有幾段影片是我早上沖澡前，頂著一頭還沒梳開的亂髮拍的，有些影片是剛開始訓練時拍的，當時我的打擊風格，會讓人聯想長頸鹿寶寶學跑步的樣子。這些影片不是我沒能力的證據，拍攝的當下也沒這種想法，我將這些影片當作是我在音樂馬拉松上的里程路牌，是我個人在各階段的進展，而不是證明我的能力。

抱持著看見演進而非現狀的心態，能在我們的內外在塑造出一套文化。動機學專家愛德華．戴西（Edward Deci）是羅徹斯特大學的教授。他把自己的見解記錄下來並加以應用，讓名列前茅的大公司員工能改善生活。[22]

他有個例子可展現框起正面事物帶來的鼓舞力量。戴西曾經接過某個名列《財富》五百大企業、專賣辦公室機器的公司打來諮詢電話。當時業界十分艱困，競爭極高，利潤又薄。員工總是很擔心工作不保，士氣相當低落。畢竟裁員與薪資凍漲不是罕見的事，員工擔心也是合情合理。

戴西應邀前來協助。他先進行訪談，結果發現，公司經理整體而言給的負面意見遠多於正面意見，提出的意見多著重於員工的個人價值，而非員工的行為價值。這點必須改變才行。

戴西設計出一套課程，訓練全公司一萬五千人。經理學習如何接納員工的觀點，並且徵求、聆聽和了解員工的想法、反應與經驗，而員工學習如何主動且獲得機會。

最重要的是，經理在這段訓練期間獲得指導，在給予意見時，讚美員工的努力、員工的想法，並在決策時給予有建設性、正面，甚至是恭維的意見，且要提高這樣做的頻率。

結果顯示，經理採取的正面態度全面影響到員工，員工表示他們看見自己在事業上有更多的進展機會，並對工作的滿意度提升，對管理階層也更加信任。即使員工沒有接觸到組織階層中最高階的人士，也信任著那些人士。

幾年後，魁北克大學蒙特婁分校管理學教授雅克．弗萊（Jacques Forest）及其團隊分析這項變化對財務造成的影響。[23]訓練經理提出正面意見，是否帶來好的結果？是的，他們以現值美元為單位，計算推出此項訓練的成本，以及該組織省下的心理健康照護費用，弗萊發現該公司的投資報酬率超過三倍，是很划算的投資。

運用合適的工具邁向目標

為了給予意見，我提出的想法，或許看似是有些矛盾的訊息。我建議的方法是框出他人，讓他人進入自己的景框之中，這樣就能正確讀懂他人的情緒，即使我們可能會發現對方對我們並不開心。另一項建議，是框出他人鼓勵的臉孔。選擇去留意周遭環境的某些層面，會讓自己產生正向感覺。當我們框起世界時，可以凸顯自己對世界付出的貢獻，也可以框起世界真實的樣貌。

我們總是在新冒險這類正向事件找到動機。其實我們可以透過框出周遭，完整且真實地反映世界的面貌。有時框起的方式，反而會揭露出自己身上的弱點或缺點。然而，以成長的心態來看，可以推動進展。若認為自己有改變的潛能，只要採用框起的方式，呈現出心力應該放在哪裡，就能使成功機率提高。為了看見成功途徑而採取的視覺策略，能夠成為追求成功的獨特工具，框起周遭，能幫助自己看清世界真貌、看見期望的世界。

第7章

誘惑太多，如何避免短視近利？

彼得離開我了。是出差，不是離婚。時間長達一週，有時區隔開我們，加上手機收訊不可靠，我體驗獨自照顧小孩的生活，很辛苦。我們的臥室聞起來像大便，來源不是我，也不是馬提大便在臥室裡。不知怎的，每當彼得清空尿布垃圾桶，那股味道也順利清除了，這種技能似乎是我所沒有的。馬提得了流感，從他身上出來的食物比進去體內的還多。床沒有鋪，被單感覺溼溼的。我打破了一個檯燈，用吸塵器努力清理。

我展開單獨照顧小孩的冒險，第一天以急診開場。馬提正在跟我玩，在我身上到處爬，就像是有些人帶著山羊上熱瑜伽課。此時情況變得奇怪，馬提故意用頭撞我的嘴，我的嘴脣裂開，以比光速快的速度腫成兩倍大，在我還沒認出自己的叫聲，就先感覺到嘴脣腫起，流出血，馬提和我都哭了出來。一天的開始太不順利了。

下午，我筋疲力盡，做了件從沒做過的事：馬提在睡午覺時，我也一起睡著了。不過，我並沒有感受到這個罕見時刻應有的奢侈感。我的身體有些傾斜，以側面倒臥在客廳，用胎兒姿勢蜷曲在硬木地板上。我待在原地不動，沒有拿出枕頭，任憑毯子落在我的臉上，即使沙發很近，我用腳就可以踢到，但我沒有體力移動到沙發上。我累倒在地上，快速入睡，也許是馬提引發的腦震盪所致？

直到馬提叫我才醒來，他在嬰兒床側邊，把我當成梯子爬，朝著 iPad 的方向爬去。我曾經想過，當我出門寫書時，他的一天是怎麼過的？這時我知道了。假如Apple直營店會提供天才吧（Genius Bar）的來店顧客打卡會員方案，那麼馬提早就喝到第十杯免費咖啡了。

他很清楚該怎麼操作，一副上過課的樣子。他沒有耽擱和遲疑，立刻叫醒他的電子朋友，伸出小小胖胖的指頭（他對我說不行的時候，也是用那根手指左右搖動），開始播放歌曲。即使選單裡的歌曲數以千計，他都有能力按下想要的位置來播放歌曲，他挑選的是法蘭克・辛納屈（Frank Sinatra）的歌，由赫奇・卡爾邁基（Hoagy Carmichael）寫的〈沒有你，我過得很好……〉（*I get along without you very well ...*）。

經過這一天，我清楚知道，少了彼得，我做不到。

到了那週的尾聲，我費力帶著馬提鄉村一趟。夜幕一落，我倒在床上，腦子還在整理我日益增長的待辦清單，那些忘記做的事強迫我保持清醒，待辦事項遠超過每天確實完成的事。此外，馬提還跟日出成為朋友，每天都想彼此問好。所以我要招認，我沒有練習打鼓，鼓棒連看都沒看一眼。我筋疲力盡，好想休假。

明明擁有某些東西，卻還是會想要其他東西，我知道不是只有我一個人這樣。我意識到這情況會妨礙到我努力邁向的目標，不只限於「讓馬提和我活得健康又快樂」的目標。

我回頭閱讀某項研究，記得內容是誘惑和渴望所帶來的掙扎。研究人員以德國烏茲堡市（Würzburg）兩百多位成人為研究對象，受試者同意向研究人員回報白天時想要的東西。[1]

受試者們會收到一支智慧型手機樣機，會隨機發出嗶聲，每兩小時向受試者提問，了解他們當下是否想要某樣東西，測驗為期一週。受試者們回覆的東西不限種類，如果答案是肯定的，該裝置會請受試者描述出那樣東西。

受試者針對自己的想法提供回應，並侃侃而談分享個人見解。當時的受訪者，並未沉迷於那個機器，儘管電影中可能出現過，但是當時這類機器尚未普及。在這項測驗中，因為裝置設定成一天隨機提問，受試者們也不排斥回答，所以研究人員從中蒐集了大量的資料，有近一萬多條回應，從大量資料中，研究人員就能估算出人們有多常渴望某樣東西。

研究結果十分明顯。保守估算，人們清醒時，約有一半時間覺得自己想要某樣東西。當裝置詢問受試者想要什麼，受試者每四次中，有一次是回答食物，其次是睡一下、喝一杯等。人們想喝咖啡的頻率大於看電視、看Instagram、做愛，而後三者算是相當普遍的渴望。

想要某樣東西、想吃東西、想睡覺、想做愛……並不是壞事。渴望讓人類得以存活。不過，有時我們目前想要的東西，並未呼應未來嚮往的東西。實際上，人們想要某樣東西時，有半數時間會同時表示不想要了。他們認為，這渴望會牴觸到努力要得到的另一樣東西。

總而言之，前述的研究結果顯示，我們雖有四分之一的清醒時間會追求某樣東西，但在一定程度上，並沒有被渴望引導朝那個方向前進。

誘惑會抓住我們的目光，占據我們的心理頻寬。當我們看見眼前的誘惑，並留意到誘惑就在附近，很難再想別的事情。舉例來說，如果我們在無聊的會議上，發現一盤餅乾放在後方的座位，這時我們的腦就會制定計畫離開現場，在往外走的時候順手拿走餅乾。

換句話說，有時如果短視的話，舉止會顯得心胸狹隘。縮小焦點有時會讓人的舉止有如飛蛾撲火，好比巧克力之於減重者、琴通寧（gin tonic）之於戒酒者，揮霍之於節儉者。吸引我們注意力的東西，會導致我們做的決定當下看似理想，卻不合乎長遠的計畫。今天吃一條糖果棒，肚子不會變大，但每天下午都吃一條糖果棒，以後很有可能要買新褲子。早上通勤去公司的路上買一杯冰卡布奇諾，晚上回家也買一杯，僅此一次並不會傾家蕩產，但一整個月都這樣買，淨收入和存款目標就會遭受重擊。

擴大注意力以掌握全貌

還記得Google有專門在零食區補貨的工作人員嗎？[2]從他們的工作可以得知，縮小焦點會導致人們根據眼前的物品，做出錯誤選擇。員工去飲料站拿飲料，剛好看到附近有零食，就隨手抓一把。科學家發現這點後，決定隔開食物和飲料。有個飲料站設置在距離零食約兩公尺遠的地方，另一個飲料站設置在距離五公尺遠的地方。科學家記錄了四百位員工在七個工作天中，選擇的飲料與零食。

五公尺的影響十分明顯。如果零食離飲料站很近，二〇%的員工會順手拿來吃；如果零食比較遠，只有一二%的員工會放縱自己。試想典型的Google男員工，體重約八十二公斤，一天離開辦公桌拿水或咖啡三次，其他時候都久坐在辦公室，反正有一大堆福利，坐在桌前的時間，能比其他工作還久。對員工而言，這些福利或許意味著每年會多吃一百八十個零食。保守估算每個零食是一百五十卡，衝動的選擇代表體重每年增加〇・九至一・三公斤，這是因為拿水喝時，零食推車剛好在視線範圍內。

不需要在Google工作，就能為自己設計出一處空間，讓自己做出能變得更健康、更快樂、更滿意的選擇。我和夏娜・柯爾、珍娜・多明尼克（Janna Dominick）發現到有些人直覺地懂得怎麼運用這些方法。[3]成功減重的人看待周遭的方式，往往會仿效Google，試著創造出更健康的視覺經驗。

我們訪問幾百人，了解他們是否有設立目標控制飲食，不攝取不健康的食物，並請他們表示，減重的過程，是成功或是辛苦不易瘦身。

接著，我們請受試者估測不同類型的食物離自己有多遠。我們擺設一張類似自助餐廳的桌子，上面放了洋芋片和餅乾，也放了紅蘿蔔和香蕉。結果發現，相較於成功減重者，難以拒絕誘惑的減重者，認為不健康的食物離自己比較近。其實減重者與食物間的距離都相同，辛苦的減重者覺得壞食物的距離更近，因此執行健康飲食的意志較薄弱。為什麼會有這樣的錯覺？是因為使用縮小焦點，東西看起來越近，越移不開視線。

以杯子蛋糕為例。米亞・鮑爾和傑森・鮑爾（Mia and Jason Bauer）夫婦，在曼哈頓上西區開設麵包屑烘培坊（Crumbs Bake Shop）。這家店推出的超甜甜食相當出名，上面覆滿大量糖霜，並以蜜糖點綴裝飾。盤子上的「巨無霸杯子蛋糕」高達十六．五公分，大家都很愛他們家的杯子蛋糕。鮑爾夫婦最初是開家庭式小店，十年內竟擴張七十家分店，其中有二十二家店開張不到一年。他們還因此進入《企業》（*Inc.*）雜誌的「快速成長企業五百強」名單。鮑爾夫婦開玩笑說：「我們家小孩說出的第一個單字就是杯子蛋糕。」

然而，就跟很多人一樣，青少年時期都很辛苦。當初麵包屑的股票交易是每股十三美元，但創立後十三年，股價掉到一股三美分，再掉到一股不到一美分。在麵包屑永久宣布關閉全部分店前，那斯達克已計畫讓該公司下市。

發生了什麼事？現在說當然都是後見之明，但根據產業分析師的推測，麵包屑一開始成功的關鍵，也是它從寶座上跌落的原因，那就是目光短淺，只專注於單一產品（杯子蛋糕）的銷售額。

縮小焦點容易忽略將來

我們對於時間通常會採用縮小焦點法，使我們做出了某些自己不想做的選擇。我們醒來後，會思考今天想完成的事，會思考著這個月想完成哪些事的人很少。我們在看菜單時，會思考自己還能不能負擔甜點，並不是考量過去兩週的甜點消耗率，也不會預先設想將來兩週放縱吃甜點的消耗率。當我們的孩子大喊「手機」（他才剛學會說這個單字，發音清楚得能讓其他人聽得懂），我們可能很快就會播放《湯瑪士小火車》影片，讓大聲嚷嚷的孩子立刻冷靜下來（我就做過這種事），這時我們沒想到未來有意為孩子創造遠離螢幕的童年。

我們在日常生活所做的一些決定，或許並不符合目標，畢竟我們做決定時，是專注於此時此刻，沒有關注明天與未來。

我想知道自己有沒有受到縮小焦點法的影響，因此我覺得可以轉變角色，做自己的研究實驗對象。我邀請我的學生一起進行測試，我們穿上象徵性的實驗室外袍，並採用珍・古德（Jane Goodall）的作風，以自然狀態的自己為對象，進行觀察研究。我設想縮小焦點法應該會影響我的某些方面，而學生們也認為這個主題值得探討。於是，我們全體二十五人，在兩週期間持續記錄自己的非預期支出，也就是衝動購物的金額。

麥克斯（Max）記錄下他狂吃鮪魚三明治的花費，哈特（Hartej）想知道自己多常買電子菸，其他人想知道自己在食物外送、計程車、衣服上花了多少錢。我不太清楚自己的錢都花到哪裡去，卻知道自己似乎時常沒錢用，於是我在手機上設定提醒，每隔四小時問我一次：「距離上次詢問後，買了什麼東西。」

我們在自己身上發現一個現象，每個人都對此感到訝異。

檢視我的回報內容，發現有二五%左右的花費，花在當天醒來時沒打算要買的東西上。在記錄的兩週期間，我的非預期支出全都花在食物上。有好幾次，我想帶午餐去公司吃，卻沒事先在家中準備好，經過一間麵包店，麵包吸引著我的味蕾。早上彼得會準備好我的咖啡，但我在公司隔壁的咖啡店累積的帳單，金額還是相當可觀。

我還記下自己花錢後的感受，反應可分成三種。有一小部分的反應，是在事後合理化：「我必須吃東西，最起碼那很健康。」三分之一的時間把支出歸咎於疲勞：「光是今天早上就喝了第三杯咖啡，一定是忘記數了。」三分之一的時間會有罪惡感：「原本買杏仁可頌是要跟馬提和彼得分著吃，結果根本沒這樣做。真是糟糕的星期一。」或是「無花果核桃棒真討厭，才吃三口，我就覺得自己不該浪費錢買它。」

我的學生們似乎跟我有同樣的經驗。于晴（Yuqing）經由記錄和統整結果來看清大局，發現自己一週花在午餐的費用，將近是預算的兩倍，三十五美元的湯和沙拉，對個人的存款肯定沒幫助。安娜（Anna）算出三五％的開銷，花在她口中所說的「貴到離譜」食物上，她揮霍了兩百八十美元買咖啡和貝果。嘉柏麗（Gabrielle）知道自己是非常忠實的共乘服務 Juno 顧客，花在共乘服務上的金額，相當於一個月的有線電視費。亞歷山大（Aleksander）算出自己揮霍的錢，六二％用來買雞肉酪梨沙拉三明治。

雖然我們不是預知未來的算命師，但在一定程度上，我們都知道這種事會發生。在開始記錄花費前，我還以為自己應該是屈服在沒預料到的誘惑之下，估算的非預期支出不到一千六百美元，但現實的紀錄證明，自己花的錢遠超過預估金額。在這兩週期間，我們的小組漫不經心花了約兩千四百美元，實在驚人，畢竟小組中只有一半的人有固定的工作。

這八百美元的差距彷彿是一把刀，劃開期望與現實，造成了實質的影響。就我個人而言，在我持續記錄的十二天當中，有七五．三美元，是我原本沒打算要花的，這金額比零錢還多，卻又不足以造成財務上的緊張。不過，若把金額數字轉換成更具意義的評估方式，就會覺得這項支出很痛苦了。從紐約市的花費來看，這金額等同於請臨時保姆顧小孩五個小時，我彷彿是扔掉我和彼得的兩人約會時光。那些錢也可以用來上四堂尊巴舞課，上完課能燃燒四千卡左右，我可以重新分配熱量，吃一堆無花果核桃棒，也不會有罪惡感。一個個輕率的選擇，加總成某件確實的影響。

我和學生們後退一步看總支出，才感受到自身的揮霍行為產生的影響。有位學生加總自己隨便花掉的錢，她對我說：「那筆錢原本可以存起來買更好的東西，或者可以用來買化妝品。」有一位咖啡上癮者，在測試後意識到睡覺划算多了，還有一位學生對自己很失望，平常竟然花那麼多錢買咖啡，想睡覺卻還醒著，這些錢可以在電影院買墨西哥玉米片吃。有位男同學發現，在這兩週衝動購物的錢，足以買三張票去看紐約遊騎兵曲棍球隊，也等同於買兩張半的學生票去看《獅子王》，甚至可以去曼哈頓下城金融區的旅館住兩個晚上，還有剩下的錢可以叫客房服務。

在某些人的眼裡，這種記錄支出、退一步思考的過程，彷彿天主教徒在封齋期的懺悔。對於容易自責的學生來說，這個測試點明自己容易日復一日且忽略的財務狀況。然而，對其他學生來說，很滿意這次經驗。有兩位學生得知壞習慣的根源後，覺得更能掌控，壓力也沒那麼大了。另一位學生很樂意了解自己的實際開支，不僅確認了對自身花費的疑慮，也可以讓花費更合乎預算。還有一位巧克力狂，發現吃進的巧克力遠少於自己的預期。

記錄自身支出，有一些愉快的層面和影響，但這些對我沒有用。日復一日，那些感覺改變不了我做過的事，也改變不了學生們做出的選擇。儘管感到後悔，我還是吃光整個糕點，而且隔天又買了一個。

非預期購物有許多原因。其中一項是，我們善於合理化那些浪費錢的舉動。有位女性發現，她能找出六個正當理由，解釋為什麼打電話給車行，而不是搭地鐵，比如：價格很低、去地底下會被床蝨咬等理由。

然而，也許任何一個決定造成的影響太小，所以無法促使在下一次做出不一樣的行為。我做出的每一個選擇，就像是短暫的嗶嗶聲或錯誤，並不是重大的失誤。

當然，根據科學家的記載，觀察的過程，可以改變被觀察者的行為。若員工知道雇主在注意看著他，工作效率會變得更高。[4]五歲小孩身旁有同齡兒童在，就比較不會偷別人的貼紙。[5]美術館賓客在有人看著的時候，在展廳間移動的速度就會比較慢。[6]然而，當處於聚光燈下的感覺消失，人們便會回到平常的生活方式。

記錄我錢包裡的錢花在哪裡、進入嘴中的食物有哪些，這樣還不夠，雖然已經記下收支和熱量，但是檢視記錄不能改變我或學生們日復一日做的事。當我回頭去檢視數字，我發現支出費用，比剛開始記錄時多六〇%，為什麼？記錄行為無法有效帶來改變，是因為記錄者會縮小焦點。我記下自己在便利商店買壽司、點心的花費，之後就只會想著這項開支，不會想著那週總共花了多少錢。

我很想知道，是否只有標註開支這種成效低落的做法，才有辦法促使我的財務健全。若標註的做法用在人生中其他領域，會不會比較有效？比如我想靠打鼓當單曲明星的志向。

我把目光放在花費時間的方式，而不是金錢。因此我改變手機的提問：「自從上次詢問後，我有沒有練習打鼓？」手機一天會隨機問我一至三次，為期一個月。手機還會問我：「如果我的確在這段時間練習了，練完後對自己有什麼感覺。」我每份報告的歸檔方式，和存放四月十五日後的稅務文件一樣，全都放在一個大文件夾裡，沒想太多，也不會整理，只大概知道它們放在哪裡。我一把報告提交出去，就再也不會去找了。直到我真正需要日常練習報告，才會動手去找。

為期一個月的資料收集結束後，我前往辦公室，坐在桌前，把手機裡的報告匯到電腦裡，以揭露數據並統整結果。我發現到，自己平均一天回應兩次手機的提問，但某些日子沒有特別寫備註給自己，那幾天，我的音樂進展肯定被擱置了。假如我有練習，一定會稱讚自己。儘管如此，我發現自己在三十天內，實際練習了十次，相當於每個週末練習兩、三次！我嚇到了，也真的應該拍拍自己的背。這時，有個學生經過我的辦公室，看到我自鳴得意、興高采烈的模樣。我們簡短聊了一下自尊與自大的差異。

我回到座位看電腦，查看自己的情緒狀態。這項分析一開始很簡單，因為當手機問我練習後的感受，前三次我都拒絕回答，答案框是留白的。假如我有寫下備註的話，內容應該會有不適合在此刊出的單字。第四次練習，我記下自己哭了的事，這個反應很有可能是源於焦慮感和自尊心，因為我還註明彼得在那次練習時對我說：「妳很棒！我不是在跟妳……（咒罵語，不適合在這裡寫出）。」

彼得選用的字眼嚇到我了，這些字眼他一般只會用在最讓人抓狂的時候，氣到忘記用力掛電話，手機螢幕會裂掉。現代社會憤怒地掛電話，手機永久受損的機率比以前高出許多，手機也不像以前室內電話那樣能用很久。

當時我會哭，也許是因為內心混亂，也許是他的誇獎具有強大力量，總之我現在還是不清楚。不過，從我的報告可以得知，在他的讚美後，我對進展的滿意度大幅提升。那次練習後，我感覺有所好轉，變得有點得意，接著還感覺更好。假如畫出軌跡圖，就會是上升趨勢。我對這進展下的結語，是我的打鼓人生中的一大得意時刻。

手機上的資料時間戳記，是二月十日下午九點三十五分，但我想，不用備註我也記得一清二楚，因為那天是馬提第一次跟著我打出的鼓聲手舞足蹈！嬰兒那麼晚都還沒睡，僅僅是為了聽我練習，一想到就覺得很愧疚，但放下了愧疚感以後，我有了不可做假的證據，證明我現在打出來的是「音樂」，這點真真切切地提振了我的士氣。

此後，我受到鼓舞，想提升層次。在下一次的練習，我嘗試協調兩手一腳，分別同時做出各自的動作。我在手機上寫著：「我感覺自己的腦力到了極限。」但是不到關機的程度，畢竟接下來的兩次練習，我覺得自己沒那麼笨手笨腳了，我很開心。三十天的觀察期結束，我在報告的最後寫下：「我覺得很自豪，我超酷的。」不過，某天晚上，我坐在爵士鼓後方，弄斷了三根鼓棒，這一點也不酷。可能是因為彼得，我才不小心鬆手了吧。

我很想說，我有推論的反思力，可以感覺到自己當下有所進展，但其實我沒有，也做不到。記下我怎麼運用時間，過程近似記錄支出。隨便挑一天，我不曉得自己的支出方式有無改變，也不曉得自己有沒有善用時間練習。把焦點縮小在檢視每日的狀況，並沒有讓我獲得深刻的見解，也沒有激勵到我。

然而，檢視整個月的狀況，反而獲得了前所未有的鼓舞。後退一步看著自己在一段時間中的變化，確實能受到不少激勵。日復一日，有時是漸有進步，有時是任何人都會經歷到的退步，所以才難以察覺往前的動力。

只要後退一步，選擇的模式就會顯得清晰。若以更廣遠的視角，看自己做出的選擇，經驗之弧就會逐漸成形。就我而言，當我通盤去看，擴大焦點，思考一個月內的進展，就會發現自己並沒有還處在手忙腳亂、努力站穩的階段。我打出的鼓音，有實質的吸引力，而我也在打鼓這座山上，持續向上爬。

唯有往後退一步，看見林林總總的行動，把自己做的選擇並列在一起思考，當中的模式才會浮現，自己才會感受到動力。

廣角鏡頭法翻轉底片電影

我並非第一個意識到廣角鏡頭會造成影響的人，而廣角鏡頭的概念也不算是心理學者發明的。廣角鏡頭的概念可回溯到一九二八年，歸因於十九歲的羅伯特・伯克斯（Robert Burks）。當時，伯克斯剛開始從事第一份工作，任職於華納兄弟影業公司的特效部門。他在頗有意思的時間點加入團隊。

華納兄弟影業公司跟一些同業，座落於好萊塢的窮人巷，那一區滿是瀕臨破產的工作室，街角盡是苦哈哈的臨時演員和銀幕牛仔，等著西部片的試鏡通知電話，而西部片也許永遠進不去院線。

當時的華納兄弟影業公司正站在轉型的峭壁上，山姆・華納（Sam Warner）說服自己的兄弟跳出默片的框架，製作電影界第一部聲音影像同步的電影《爵士歌手》（*The Jazz Singer*）。雖然山姆・華納在《爵士歌手》首映前夕過世，他的兄弟無法參加首映會，但是華納兄弟影業公司靠著《爵士歌手》一片離開窮人巷。公司獲得充裕資金，此後飛快成長，前景蒸蒸日上，伯克斯的事業之路也因此一飛沖天。他進公司工作的第一年，就晉升為攝影助理。十年內，他磨練技藝，負責帶領特效攝影團隊。四十歲時，他晉升為攝影指導，是迄今電影業內，最年輕獲認可的攝影指導。

在他五十幾歲時，伯克斯成了導演希區考克（Alfred Hitchcock）的御用攝影師，帶領希區考克底下的攝影團隊，完成十二部作品。伯克斯憑藉《捉賊記》（*To Catch a Thief*）一片成為傳奇人物，是柏克斯第一部採用 VistaVision 拍攝手法的電影。VistaVision 是全新的電影攝影手法，翻轉了底片電影，伯克斯使用此手法拍攝了五部電影。伯克斯把底片水平放進攝影機，而不是垂直置放，並以廣角鏡頭拍攝，這樣可以在電影負片上捕捉更多畫面，而且可以拍出清晰的影像，能一次以銳利焦點呈現整體視野，包括前景、中距、遠處背景。

以前《北非諜影》等電影的攝影師，很難同時清楚拍出酒吧後面老主顧頭上的菲斯帽，以及坐在鋼琴旁邊的亨佛萊．鮑嘉（Humphrey Bogart）。有了廣角鏡頭以後，就算《捉賊記》的攝影鏡頭是對焦前景，拍攝在地中海峭壁飆車的葛麗絲．凱莉（Grace Kelly）和卡萊．葛倫（Cary Grant），觀眾還是能清楚看到背景的法國蔚藍海岸，以及沙灘上做日光浴的遊客。

伯克斯以這項創新的技術與電影攝影效果，贏得第一座奧斯卡獎。

我們實際上不會把底片裝進自己的心智，但是眼睛和大腦，能象徵性地創造出如同VistaVision的經驗，讓我們在適合的時機，透過廣角鏡頭觀看世界。因此我們對於視野周邊事物與中央事物，都要同樣的看重，可以像運用廣角鏡頭般觀看世界，構圖要納入周遭景象的全部元素。廣角鏡頭的特點，就是把周遭的一切全都記錄下來，就像羅伯特．伯克斯在拍攝希區考克的電影時所做的。

舉例來說，想想藝術家查克．克羅斯（Chuck Close）創作的畫作吧！克羅斯患有臉盲症，屬於腦神經失調，這種症狀會讓他無法根據人的樣貌來辨識人，儘管如此，他還是憑藉繪製的人臉肖像贏得國際讚譽。

克羅斯找到獨門方法來應對臉盲症，他將畫布分成格狀，每個方格會對應到參考用人物相片上的方格。他訓練自己把視覺注意力放在各個小方格內的陰影、輪廓和色彩上。比如說，他會專心觀察鼻子與眼睛之間的皮膚，這一塊皮膚可能占去六個方格，而每一個方格有好幾圈同心方形，當中有濃淡不一的粉紅色和棕褐色交替出現。若他將視線焦點縮小於上翹的嘴角，可能會看見小小的圓形、三角形和豆形區塊，顏色或淺或深，血色或有或無。他把在參考方格裡看到的畫面，放大重現在畫布上，畫法就像是用多個微小的形狀與圖案，拼縫成一件百衲被，觀者唯有退一步用廣角鏡頭綜覽全局，才能看見聚合起來的圖像。

根據階段選擇合適的策略

前文曾經提及縮小焦點法的好處，而現在提到廣角鏡頭，並不是要否認前言，只是要提醒你，縮小焦點法可能會引發問題。前文建議聚焦於自己想要的東西，而現在提出新說法並不是要混淆你，只是想建議你，注意力的廣度應該向外擴展。我們使用的工具必須多樣化，因為在某些情況下，會發現某種工具比較好用，這點前文有提到。如同藝術家的調色板有多種顏色的顏料，廚師的刀架不會只放著切肉刀，好的酒窖存放的不只有法國南部的粉紅酒。

有時縮小注意力焦點（本書提及的所有策略皆同理）會有較高的成效，有時廣角鏡頭會有較高的成效。關鍵就在於，懂得方法適合在何時應用。目標之旅接近尾聲時，縮小焦點確實有激勵作用，但是在旅程剛開始時，有激勵作用的是廣角鏡頭。

拿以下的研究來說。幾位荷蘭學生玩無聊的文字遊戲，但只要撐過乏味的遊戲就能贏到錢，答對的題目越多，賺到的錢越多。[7]我大學時代過得很拮据，假如是當時的我，肯定會樂於大賺一筆。這些學生應該也跟我有同樣的感受，畢竟他們都配合玩這個遊戲。不過，在這項研究中，研究人員其實是在測試學生有多快能進行到下一關，但學生並不曉得這點。研究人員從先前的研究中得知，若玩家有動力的話，休息時間會變短。而此處的測試是要確認以下現象：學生若注意到，距離遊戲結束還剩下多少關卡，會不會因此提高動力並加快過關速度。

這不是賽跑，玩家也沒有終點線要跨越。因此，為了模擬跑者接近終點時的視覺經驗，研究人員製作進度條，上面有一堆點，每完成一關，就有一個點消失。這樣是在視覺上記錄玩家還剩下多少點就能完成遊戲，等全部的點都消失不見，代表遊戲結束。

若把縮小的視覺焦點放在終點上，學生會不會有動力？還記得前文提到，縮小焦點法促使「巔峰速率」跑者和薩謬森率先通過終點線。在此研究中，文字遊戲玩家也出現同樣情況，玩家接近終點之際，會把注意力集中在眼前還有多少關要完成，此時速度會加快，表現也會變好，賺進更多錢。但是玩家要是從一開始就採用這種手法，把焦點縮小在終點，反而會造成反效果，速度會慢下來，犯的錯誤會更多，結果錢包比原本該有的樣子還薄。

我跟學生瑞奇歐（Riccio）一起進行研究，針對傘加紐約路跑者（New York Road Runners）三場賽事的幾十人進行調查，年紀最小的跑者是二十歲，最大的是七十歲。在訓練期間，這些跑者平均穩定地以八分半的時間跑一千六百公尺，每週約跑二十九公里，所以即將到來的六公里、十公里或十四公里的賽事，他們有能力完賽。他們對我們說，在不同的賽點，會採取不同的方式來集中注意力。

根據我們的研究結果，這些老練的運動員，在剛起跑時與接近終點時，會分別採用不同策略。在最後的八百公尺，近六〇％的人縮小注意力焦點的頻率超過擴大焦點。但是在比賽剛開始，八〇％以上的人採用擴大焦點的頻率超過縮小焦點。這兩種手法都很有效，需要兩種結合運用才能達成目標。關鍵在於懂得使用工具或策略的時機。

使用**廣角鏡頭的話，做出的決定就會更合乎長期目標，可以避開現在看似很棒但以後會後悔的誘惑**。有些成功的飲食法，能有效幫助人們避開誘惑、減輕體重、維持體重，仰賴的系統就是鼓勵減重者採用廣角鏡頭。

將減重者吃的食物，依照熱量與營養價值，對應或高或低的點數，減重者每天有一定的點數能花費。每日配額法鼓勵減重者就當天已吃的食物，考量接下來每餐要吃進的食物，並且妥善分配每日配額點數。減重者不是把焦點縮小在桌上的餐食，而是採取更寬的景框，想著一整天的餐食。此外，有些飲食法鼓勵減重者把沒用的點數存起來，改天再用。剩餘點數有一週的效期，在這情況下，除了在考量整天的選擇，也要同時考量一週的選擇。

廣角鏡頭可促使人們把長期時間納入考量，幫助個人做出更合乎長期目標的選擇。芝加哥大學有兩位研究人員，臨時起意做了項測試，用巧克力和紅蘿蔔兩樣免費食物樣品來吸引路人。[8]攤子附近貼有海報，以宣傳食物樣品，但研究人員會使用兩種不同的用語形容活動。某些海報上面寫著，這是春季食物攤，某些海報上面寫著，這是四月十二日食物攤。雖然攤子的設置一模一樣，但是海報上的用語卻導致路人的心理景框產生變化。若想著四月的某一天，焦點會縮小，想著春季，焦點會擴大。人們做出的選擇便會因此受到心態影響。

若海報宣傳的是春季食物攤，路人比較常拿紅蘿蔔，若寫的是四月十二日食物攤，則較常拿巧克力。明確指出日期，人們會把焦點縮小在當天，而做出選擇，會挑選此時此處吸引自己的東西。然而，提到季節就會引發廣角鏡頭，促使人們同時考量現在與將來。這時若採用廣角鏡頭，做出的選擇會合乎日後想達成的目標。

採用廣角鏡頭並找出行為模式

若只單獨考量決策或活動，長期的狀態與行為模式會比較不明顯，但在廣角鏡頭下，模式就會顯現出來。如果為因應退休需求而做理財決策與規畫，廣角鏡頭的效果就相當顯而易見。

存退休金是在投資遙遠的將來，目標是找出哪些長期收益，能超乎投資組合可能蒙受的短期損失，而要做到這點的話，市場分析師認為最好的方式是投資股票，不是基金。長期來說，無固定股息的股票，報酬率會比固定收益證券高出許多。

以記錄大型資金美股的標準普爾指數為例。一九二六年，標準普爾記錄的股票有九十支，到了一九五七年，擴展到目前的五百支股票。一九二五年，在該指數有記錄的大股上，投資的每一塊美元，通貨膨脹後，現在價值近四百五十美元。[9]再對照你可能持有二十年的長期美國公債，一九二五年在公債投資的一美元，今日價值只有將近十美元。換句話說，儘管二〇〇〇年代有兩支股票暴跌，甚至碰到經濟大蕭條，但標準普爾股票的表現還是遠勝於公債。

另一個沒那麼冒險，卻沒那麼賺錢的選擇呢？如果你的親戚在二〇年代決定用一美元買黃金，那麼今天你賣出黃金能拿到的錢，大概是四美元出頭，保管那麼多年，收益卻不高。假如那位親戚把一美元放在床墊下，多年後你找到那一美元，即使它有點舊，還是一美元的紙鈔，但今日用它來東西，只能買七美分的東西。

大家多半都曉得，以長期來看投資股票是很好的賭注，但多數人很難把錢投資在股票上。

分析師發現，有些人不願持有或購買股票，其中一個原因在於，投資新手太常關注投資組合，被數字嚇到了。[10]投資新手經常把焦點縮小在每日股價的變動上，或過去一個月的走勢圖。然而，股票在一天、一週、一月的期間，本來就有漲有跌，能維持穩定的向上軌跡，或是成長線沒有下跌的股票，是少之又少。若想著自己辛苦工作，選擇不休假，以賺取投資股市的金錢，那麼看到股價下跌就會很痛苦，如果看到上漲，也只是稍微開心點罷了。這是常見的反應，科學家把這種傾向稱為「損失規避」（loss aversion）。

如果太常查看退休投資組合，想著股票的短期表現，那麼在謹慎評估投資組合時，可能會對股票反感。不過，如果能長時間不去看投資組合，一年只查看一次，那麼下跌個一、兩次，對心情的影響就不會那麼大，也更能冷靜評估每支股票的長期表現。

若能採用廣角鏡頭，更廣泛評估投資組合，我們可能會對股票更加喜愛，退休金的錢包也隨之增厚。

廣角鏡頭與時間管理

某學期，我指導大學生認識動機原則。有些學生打算在未來把課堂討論過的策略，應用在治療的客戶身上，有些學生想把策略重新包裝用於教育，幫助那些難以適應學校的小孩，還有些學生想把策略用在企業界，改善業界的團體動力。

整體看來，我的學生們認為他們和將來的客戶都有個共通點，就是他們能在時間管理中獲益。學生們決定測試自己對狹窄景框與廣角鏡頭的反應，並且評估自己在個人專案上的進展。在討論測試發現之前，每個人都要先設立一週目標，這項目標要在七天內可以達成，對自己很重要，也有些難開始的事。某位學生說，她想推動自己參與的電影進入製作階段，另一位學生說，她需要敲定自己主辦的全校活動計畫，還有一位學生想把申請研究所的作品集完成，某位學生打算減掉一．三公斤。

這些學生全都採用具體化的策略，寫下跟自己訂下的約定，陳述自己希望達成的目標。接著他們把筆記放在床邊，方便每天早上擬定當日計畫，晚上反省自己的進展，在具體化的策略融合縮小焦點法。每天起床時，他們會列出當天要做的事，亦即能促使專案有所進展的事情。

活動籌畫者說，她會打電話去確認預約的場地。導演說，她會聯絡製作人討論預算。研究所申請人說，他會修改個人自傳。減重者說，她下班後會去上運動課。他們全都認真安排一天行程，留意自己何時可以處理工作。在一天的尾聲，熄燈睡覺前，每位學生會反思自己是否有貫徹計畫，回想當天的情況，估算自己花了多少時間處理專案。日復一日，做到一週測試期結束為止。

第二週，這群學生一開始的情況跟第一週相同，於第一天早上設立目標。不過，我要他們改變專案處理的思維模式，以及分配時間的方式，要他們這次改用廣角鏡頭，不是凸顯一天內預計完成的一、兩件事，而是列出達成當週目標所需完成的事項。每個人的工作清單最多只能列八、九件事。接著，他們要思考整週的行程，細想未來一週每一天的情況，考量醒來後到入睡前的時間要做哪些事，需要安排自己的時間處理目標專案包含的各項工作。舉例來說，訂好星期二早上九點要打電話給製片。下課後到晚餐前的兩個小時要修改研究所的申請書。健身房時間安排在平日的午餐時間。每位學生跟第一週一樣，都要在每晚睡覺前，記錄當天花多少時間處理工作。

兩週結束後，我請學生交出紀錄，統計每個人的進展，比較兩週的成就，結果令人吃驚。

使用廣角鏡頭處理待辦清單後，每三位學生就有兩位在一週中騰出更多時間努力邁向目標。檢視學生整體表現，相較於使用縮小焦點法，每天思考自己想完成的事，改用廣角鏡頭計畫行程的那一週，平均多花兩小時半處理專案。

我學生們的經驗並不特殊。三十五年前，有一組導師每星期都會跟學生會面，為期三個月，而且好幾個學期都是如此，目的是教導研究技能。[11]他們會一起製作流程圖、列出需要達成哪些事情、會在何地何時處理工作、需要達成哪些事情才會對自己滿意，以及會以何種方式犒賞自己。

部分學生採用廣角鏡頭，把流程圖細分成每週行程，並設立每個月的里程碑。其他學生則是採用縮小焦點法，雖會設立里程碑，但達成目標的最後期限，訂在每日的尾聲。現在看來，以廣角鏡頭或縮小焦點法進行記錄或具體化，學生的成績皆會因此提高。一年後，這兩組學生的退學機率，低於沒上這堂課的學生。而學生使用廣角鏡頭學習規畫，成績會比使用縮小焦點法的學生高出許多，將近有一個字母等級差距：月計畫者平均得到三．三分，日計畫者是二．四分，後者的分數基本上跟毫無計畫的學生相同。

廣角鏡頭之所以能改善結果，主要是因為人們往往會低估完成工作所需的心力，而廣角鏡頭有助於克服這點。面對現實吧，人在預估所需時間的能力很差，眾所皆知。就像建造雪梨歌劇院耗費的時間，比建築師預期的多十年，波士頓的大隧道（Big Dig）計畫，預計將一條主要州際公路埋在地底，比預估時間多耗了九年以上才完工。蒙特婁市長尚・達波（Jean Drapeau）宣布蒙特婁市會建造一座先進的體育場，上面會覆蓋著史上第一座伸縮屋頂，而且會趕上一九七六年奧運，可是等到奧運聖火傳遞給下一個主辦國，再過十三年，屋頂才蓋好。

當然了，你也許會覺得規模大的計畫永遠不會準時完成，政治變化、經濟衰落都是難以預見並因應的。不過，若是我們個人的計畫，自己是主要負責完成的行為者，前述問題在此就不適用。可惜，在趕上最後期限這一方面，一般人並沒有表現得比公司或政府還要好。例如：為求畢業而努力及時完成研究專案的學生，比當初制定行程時的預測還晚了三週。[12]

採用廣角鏡頭，能把一件大工程拆分成多件小工作，並且了解如何將這些小工作分別排進忙碌的生活中。

後退一步檢視自己，選擇變得清晰

好瘋狂，五座奧斯卡獎擺在平價餐廳的桌子上，我們還穿著西裝。我不是百分之百確定自己吃了什麼，但我希望是某種雞蛋三明治。然後，我們就去工作了。

我星期一過得很不順心。

我跟動畫師派翠克・奧斯本（Patrick Osborne）共度晚餐，他執導的第一部片《美味盛宴》（*Feast*）贏得奧斯卡最佳動畫短片獎。我很好奇洛杉磯是怎麼歡慶一年中最迷人的一晚，奧斯本放任我審問當天的有趣細節。

我跟奧斯本說：「我第一次看《美味盛宴》，就哭出來了。後來又看了四遍，每一遍都哭了。我好愛這部動畫！」這部動畫以六分鐘四十九秒的片長，描繪過著單身生活的詹姆斯（James），和他那隻先前在外流浪的波士頓㹴溫斯頓（Winston），一起狂吃電影院爆米花、義式臘腸、玉米片，那些食物全是深淺不一的螢光黃，而我對這部動畫產生不明原因的共鳴。

我向奧斯本坦承，我會偷偷帶自己的零食進電影院，但我不喜歡義式臘腸，也不是單身漢，喜歡的食物顏色，是大自然會出現的顏色，不是蠟筆盒裡會出現的顏色。表面上，我跟片中主角沒有太多共通點，卻還是覺得那像我的故事。他說：「我知道，我做這部片就是要創造這種效果。」

奧斯本是站在溫斯頓的角度描繪場景，距離地面不到三十公分的高度。從這個高度，我們看見桌腳、門的底端、女服務生柯碧（Kirby）的鞋子，她是詹姆斯愛的女人。有些場景會呈現出別人的臉、附近的房子、人物的衣服，會讓觀眾了解這是別人故事的元素。不過，這些都有可能是我們的故事，奧斯本的作品之所以出色，在於我們很快就發現這是我們的故事。

而奧斯本是透過食物來做到這點。大部分的片段都在看溫斯頓進食。詹姆斯領養溫斯頓後，一開始只給牠吃乾糧，這類「家常菜」帶來的食物體驗，遠勝於溫斯頓在街頭到處尋覓的剩菜。當溫斯頓首度嘗試培根，牠的反應打破了人與狗之間的屏障。沒錯，那就是天堂的滋味啊，我很認同。此後牠再也無法回去吃乾狗糧了。肉丸義大利麵、軟黏的花生醬、果醬三明治、酒吧的半熟漢堡、復活節火腿，以及配著重要賽事吃的洋芋片與沾醬。

然而，當詹姆斯遇到柯碧後，溫斯頓的盛宴有了改變。豌豆、蔬菜泥、裝飾用的香芹，還有西芹條和波菜，甚至會放在亞麻織品上用餐。隨著他們攝取的熱量降低，溫斯頓的情緒也隨之低落。某天晚上，詹姆斯狂吃垃圾食物，草莓冰淇淋、冷凍格子鬆餅、砂糖甜甜圈、微波起司通心麵。雖然觀眾會覺得菜單的變化十分明顯，象徵詹姆斯與柯碧分手，但溫斯頓花了好長一段時間才明白。

讓溫斯頓看清一切的關鍵是香芹，每一餐，柯碧都會在餐點上面放一枝新鮮的香芹，即使減少溫斯頓的煎蛋和起司塊，每碗乾糧上還是會放香芹。於是當溫斯頓面前擺了一盤撒著香芹的義大利麵，詹姆斯看了不自覺流出淚，溫斯頓決心親自出馬整頓。溫斯頓搶走了詹姆斯指間的香芹，跳出窗外，急急奔向柯碧工作的餐廳。詹姆斯穿著睡袍短褲，即使衣著很糟糕，卻跟分手的情人復合了。

畫面切換到下一個場景：溫斯頓穿著西裝，等著一大份結婚蛋糕。到了新家，閃亮的新碗裝著乾糧，沒有任何裝飾。溫斯頓睡著的時候，臉上露出微笑，醒來時，一顆肉丸朝自己滾過來，還浸著番茄醬汁，滿是美好的滋味。抬頭一看，看見嬰兒坐在高腳餐椅上，拿了另一顆滴著醬汁的肉丸，往下一放落入溫斯頓張大的嘴裡。這便是一見鍾情。

奧斯本透過食物訴說故事，是典型的戀愛、分手、復合的故事，而且敘述手法是順敘法，用餐點來象徵時間的流逝和重要時刻。奧斯本對我說：「有單身漢的晚餐，有努力在首次約會留下好印象的晚餐，有簡單的家常好料，有分手的餐食，還有浪漫的餐食。看著食物逐一揭開故事情節，可以清楚得知一個人的生活樣貌。」

奧斯本接著解釋《美味盛宴》的緣起，是來自串起所有他拍下的一秒瞬間短片。我好希望我在工作上花的許多秒數，隨便任何一秒有他一半的價值。

「當時我在測試的應用程式，可以製作一秒鐘的短片，然後把多部短片串起來，製作成影片。我認為只要將相機轉向，或許能從自己身上學到什麼，於是我拍攝短片，記錄當天吃的食物，天天都拍，拍了一年。當我看著六分鐘的影片，以食物表現出我的人生，我簡直難以置信，我吃得糟糕透了。」

在此暫停一下。奧斯本很健康結實，在我眼裡，他的身材也很好。他對我說，他寫信索取DNA分析，結果發現他的基因很適合短跑，但他違抗自己的基因組成，在好萊塢山繞圈跑十三公里，還會在心裡偷偷跟路上的招牌來個擊掌，這是他例行事項的一部分。他看起來不像會舔手指上的蛋黃醬或盤子的人（但那時我是），所以奧斯本對我說，他沒有狂吃輕食菜單，我懷疑他的自我評量並不準確。

記錄每天的晚餐快要一年，所以往往更明白大學畢業一年後，體重為什麼會穩定增加。我變得相當珍惜生活品質，不只是自己吃得好，餐點周遭的地點、環境、人物更是有如萬花筒，這些細節能呈現出完整的人生，看了就覺得心懷感激。只要往後退一步，從更寬廣的角度去看待自己所做的選擇，那麼模式就會變得清晰許多。

廣角鏡頭可改善記憶與決策品質

啟發奧斯本認清生活模式的應用程式是「每天一秒」（1 Second Everyday），開發者是生於祕魯的日裔美籍藝術家凱撒・栗山（Cesar Kuriyama）。

「每天一秒」會從每天的影片中選擇一個瞬間，週復一週，短片集逐漸增長，呈現出多樣的經驗，把所有經驗串起來，拼貼成回憶影片。只要按下播放，就能回顧自己的人生在眼前展開。

栗山是在三十歲那天獲得啟發，製作出這項產品。某晚，栗山在吃晚餐時對我說：「我很討厭自己不記得人生中做了什麼。我準備辭職，存了足夠的錢，可以過個一年，我打算去旅行，卻不想像二十幾歲時那樣，把旅行的經歷給忘掉。我以前會寫日記，但那種做法沒辦法堅持，所以我必須構思出一套記憶法。」

而栗山也做到了。他大學是學電影與平面藝術，對電腦程式設計毫無所知，連皮毛都不懂。但是為了開始實踐計畫，他在網路上學習應用程式的製作方法。他知道自己需要一些資金，計畫才能走向世界。他覺得兩萬美元應該足夠，僅僅不到一週，Kickstarter募資平台的宣傳活動，為他帶來資金挹注。接下來三週，在他的計畫張貼於群眾募資網站的期間，有一萬一千多人看見計畫的潛力，令他再獲得四萬美元。不到一年，他建立平台，奧斯本、我與世界各地兩百萬人下載此應用程式，並從中獲得啟發。

我撰寫本書的此刻，栗山每天拍攝一秒影片已長達八年。我問他，他是怎麼選擇哪個片段要放進影片。他說：「每一樣、任何一樣東西都可以，大家很擅長選出生活中最好的一面分享出來，卻不會記錄壞日子。沮喪、傷心、生氣、愧疚的瞬間、出糗的時候，以及對自己失望的時刻，這些也都是人生的重要部分，全都是日常。所以應用程式的名稱，才會有『每天』這個詞，這樣就能記住人生中的每一天。」

我使用那款應用程式的時間沒栗山久，也不是依遁他的使用方式。我曾經坐在鼓後哭，我很努力要讓中鼓跟上拍子，卻對笨手笨腳的自己感到灰心氣餒。在那一刻，我並沒有想到要打開鏡頭拍攝（我的手機現在是防水的，有一次我把舊手機放進褲子口袋，結果我掉進派對的泳池裡，就換了新手機）。在我雙手拿著鼓棒的時候，可不想測試新手機，能否承受我臉上如洪水般氾濫的淚水。我多次把打點練習板當成咖啡杯墊，明目張膽忽略為了練習而設定的手機提醒。我如此輕易拋下自己許的諾言，這樣的回憶我可不想拍下。

我問栗山，為什麼他會想記住人生中有的汙穢片段呢？如果是我，肯定不想記下。他說：「人生這麼短暫，只要能重新經歷人生中的所有片段，就會重視自己有過的每一刻。」他跟我談到他人生中的某一秒，那是在他展開計畫後的第一年拍攝的片段，一秒的牆壁短片，牆上沒有東西、沒有移動的東西、沒有人、沒有聲音，只有一面牆。對我來說毫無意義，對他卻是意義重大。當時他得知手足的妻子腸絞窄，當他走出醫院急診室，第一秒看見的就是那面牆。

急診時供血遭切斷，痛苦難當，她在急診室瀕臨死亡，同樣的狀況發生了好幾次。「我們不想記住壞事，但記住的話，就會更重視人生的好事。這也提醒了我，時間短暫。我觀看自己製作的人生影片，看見一年年在流逝，此時就會記得每一天都很重要，每一天都有機會去做重要的事情。」

我問他：「那為什麼不每天拍攝兩秒？」栗山回答：「那樣的話，回顧一年的人生就要花十二分鐘，差不多是半集的《歡樂單身派對》（*Seinfeld*），那樣就太長了。」

還有很多社群媒體平台嘗試做「每天一秒」做的事。雖然各有差異，旨在提供平台，讓人們呈現自己策畫的人生。我們拍攝自己的每一天是怎麼過的、做了什麼事情、跟誰在一起、有何感受，把這些畫面結合起來，其他畫面棄置不用。留下的畫面通常是仔細挑選出來，而不是隨機選出，往往會凸顯快樂、有趣、感人的經驗。

舉例來說，南加州大學與印地安那大學的電腦科學家，針對八百多萬推特個人用戶發出近二千萬則推文內容進行分析。[13]研究人員根據每則推文內容透露的情緒，發現大部分的推文內容是中性的，正面內容比負面內容多六〇%。此外，相較於負面推文或中性推文，正面推文的喜歡次數是五倍，轉推數是四倍。代表大家比較會去張貼、按喜歡和轉貼正面推文。

「每天一秒」的設計，能促成用戶創造更具代表性的回憶集，該應用程式培養的習慣，可抵消選擇過程中的正向偏誤。不管是好或壞的日子，只要迫使用戶去紀念每一天的某個部分，用戶就比較不會選擇只記錄好的回憶。

尋找動機的策略，在栗山的身上行得通，那麼在其他人的身上也行得通嗎？並列好事和壞事，是否更能達到目標、找到快樂？我很想知道這些問題的答案，於是我聯絡尼克．鮑瑟維（Nick Powdthavee），他是華威商學院的科學家，專門研究快樂經濟學，了解科技如何促使個體做快樂的事。

「尼克，你是快樂專家，」我開始說著，「與其看著日常生活影片，再次經歷有苦有樂的回憶，不如再次經歷最興奮的一天，體驗美好時刻，這樣不是比較快樂、比較有活力嗎？小狗影片的存在，以及我們會拍攝微笑的嬰兒，而不是尖叫的嬰兒，不就是因為這個原因嗎？」

「對，完全沒錯。我老婆製作了帕妮（Putney）的影片，去看看吧！如果人們只想著經驗中最好的部分，那一刻確實比較快樂，但長期來說可能就不是了。」鮑瑟維如此回答。「翻閱著每個人都在笑的相片，感覺確實很好。在那個當下，會回想起自己去了那場派對、跟那個女生聊天，或是她拿我的手機自拍等細節，回憶這些過程確實感覺很好。觀看小狗的睡覺影片，或許會因此而快樂。不過，若要設法決定自己將來應該做的事，不完整的回憶，或許會導致我們做出錯誤的決定。在此情況下，知識也是力量。」

我確實去看他提到的「帕妮影片」了。帕妮是他們養的黃金獵犬。兩分鐘四十秒的時間，我和將近一千九百萬的觀眾，一同見證帕妮的成長，從原本肚子圓圓的、鬆軟的毛球，六個月後長成早熟又瘦長的青少年，狗掌跟身體相比，大得不成比例。我看見帕妮面對恐懼，對抗塑膠水瓶、寵物門欄和崎嶇不平的混凝土。看著帕妮第一次碰到綿羊好奇的樣子，我也跟著好奇起來。看見帕妮跟幾個朋友在她家後院拔河，贏得比賽，我跟著高興歡呼。看著帕妮站著站著就睡著了，頭栽進水盤裡，我暗自發笑。帕妮的影片很精采。

鮑瑟維繼續解釋，如果努力去忘掉某間餐廳害自己食物中毒，努力遺忘自己沒拿到的工作，忘記自己說錯話傷害到別人的感受，那日後或許會再度犯下同樣的錯。將壞事好事都記住，將來能做出更好的選擇，長期來看會變得更快樂。

我受到啟發。為了努力做出改變、往前邁進，我對著當天向空服員買的噁心雞肉卷，拍攝一秒鐘影片。雞肉卷裡外都是同一種顏色的氧化美乃滋，上面的綠色斑點不是龍蒿就是黴菌。拍這影片是要提醒自己，再也不要相信航空公司的食物。

神經科學實證回顧有助於改善將來規畫

「他」對於腦神經學界來說相當重要，多位腦神經學者寫書講述過他的事情，也在研討會上討論過，不遠千里只為見他一面。然而，對每個人來說，他的真實身分是個謎，直到幾年前，他過世後才有所改變。為了保護他的身分，學者只以K．C．稱呼他。[14]K．C．不是逃犯、不是線民，也不是試圖混入雜貨店的名人，更不是設法不讓名字上報的人物。K．C．是出了嚴重意外，並受到創傷的患者，他出色的大腦，幫助研究人員揭露具有開創性的事實，讓大家了解人的記憶如何運作、人為何可以擁有記憶。人腦會思考過去並規畫將來，而研究人員之所以能發現這兩者之間的關聯，就是藉由研究K．C．和他人的大腦。

K．C．三十歲時，騎重型機車滑出路面，受到罕見的嚴重腦傷。雖然我從沒見過他，但是每個人都說，無論是發生意外之前還是意外後，K．C．都很討人喜歡，是個善於交際、說話得體、知識淵博的人。

他知道007和詹姆斯．龐德是同一個人，也能閉著眼睛生動描述多倫多最高的大樓，甚至能解釋鐘乳石和石筍的差異，據我所知，這些倒是很適合拿來作為跟紐約人聊天的話題，而且他們經常討論這些。儘管他出的意外很嚴重，但是他的心智似乎如以往敏銳，能夠準確辨別是非分明的事，參加冷知識之夜（Team Trivia Night）也能精準作答。

K·C·主要的問題在於，若事情跟他個人有關，他都記不起來。他難以製造任何的新回憶，某種特定的記憶他也回想不起來。事實在他的記憶中是存在的（例如：《猜謎大挑戰》（Trivial Pursuit）會出現的問答），但個人經驗並不存在。K·C·見過、做過、感覺過的事情，全都想不起來。

比如說，在他出意外的兩年前，他在哥哥婚禮前一晚燙了頭髮，把全家都嚇了一跳。現在的他知道哥哥已經結婚了，卻不記得自己出席婚禮，也不記得家人對他的捲髮有何反應。他也知道自己和家人，曾經跟著十萬人撤離家園長達十天，逃離附近地區的化學品外洩，卻記不得自己是不是害怕緊張。他跟哥哥感情很好，他知道哥哥是意外死亡，但他想不起當他聽到消息時，人在哪裡、誰跟他說的，以及出席葬禮的感受。

K·C·也沒辦法規畫將來。醫師問他，接下來的十五分鐘、當天晚一點的時候、下一週或下半輩子，他覺得自己可能會做什麼。他說：「我不知道。」他表示，心智一片空白，當他試著回想過去，還是一片空白。K·C·無法在心理上做時空旅行，無法回顧過去，也無法進入將來。

很多的腦神經心理學者，研究過K．C．的大腦，並且研究其他經歷過類似意外與記憶受損的患者大腦。[15]科學家們還採用神經造影技術，量測未受傷的個體，大腦不同部位的活動。結果十分相似，證據也很明確。記住過去片段所用的神經迴路，與規畫將來所用的神經迴路，兩者幾乎完全一樣。無論是要運用心智回到過去，還是預測將來，前額葉皮質，以及顳葉內側的若干部位（包括海馬迴）都十分活躍。

有趣的是，觀看自己用「每天一秒」製作的影片時，會產生反應的大腦部位，恰好就是前述的部位。我曾經聽說過一名出色的腦神經學者，威瑪．班布里奇（Wilma Bainbridge），專門研究該應用程式的使用者。班布里奇很聰明，她拿到麻省理工學院大腦與認知科學的博士學位。她也十分忙碌，與團隊共同製作舉止像人類的機器人。她還有在授課，教導耶路撒冷的高中生學習電腦程式設計，並且她會說英語、韓語、阿拉伯語、日語等多國語言。

她製作心理劇《人生重啟》（*Reset*）的字幕，講述人們要是能夠重來，會如何改變人生。現在她在位於馬里蘭州的國家心理衛生研究院進行研究，探究是什麼因素導致某些事情容易記、某些事情容易忘。如此忙碌的她有時間跟我聊聊，唯一的可能性肯定是，她在排隊等咖啡的時候，剛好碰到我。

我問班布里奇，為什麼她有興趣研究「每天一秒」的用戶？她對我說，她使用那款應用程式已經六年了，她在觀看自己的拼貼影片時，掃描自己的大腦。「我找出自己是在哪裡處理時間的。」

她瀏覽自己製作的電影，掃描片中呈現出她觀看影片時，大腦不同部位在何時何處活躍。而從輪廓模糊朦朧、有如X光片的影像中，她能判斷出自己看的人生片段，是很久以前的，還是最近的。於是她有興趣探討心理時空旅行，想知道回顧過去，會對當下的自己造成什麼影響。

班布里奇對我說，她找了一群使用「每天一秒」已有數年的用戶。有些人拍了六年，沒有一天中斷過，她就是這樣。

她請受試者靜止不動地躺在 fMRI 機器的平台上，觀看自己的影片五分鐘。她在螢幕上觀察受試者大腦不同部位的反應，看見了腦神經學者料想到的現象：當影片出現人物，專門解譯臉孔的大腦部位會運作，當影片出現房屋和地點，專門處理相關影像的大腦部位便會運作。

班布里奇很好奇，當受試者觀看他人的影片時，會不會發生特別的事情呢？於是她請受試者花五分鐘觀看別人的每日影片。受試者同樣地會在這些影片中看見人物、房屋、地點。雖然人物是陌生人，大部分的場景也不熟悉，但大腦活動大致上是一樣的。看見人時，負責處理臉孔的部位會運作，看見環境，負責處理建築的部位會運作。然而，大腦中有幾個部位，對個人影片產生的反應特別活躍，對別人的影片卻不會如此活躍。

當受試者觀看自己的「每天一秒」影片時，海馬迴及前額葉皮質的「額極部」會很敏感，這些部位正是K．C．受損的部位。

若結合所有的證據，從班布里奇的測試就可得知，當人們審視自己製作的個人影片，就是在記起自己獨有的過去，是別人無法重新創造出來的。有一點很有意思，受試者觀看自己的「每天一秒」影片時，運用的大腦系統，跟規畫將來是同一個。

我花一個月使用「每天一秒」，讓它有機會啟發我。每次我播放影片時，會擷取到我的獨奏片段。一個月期間，月初我拍攝歌曲的第一個部分，月中，我在歌曲進行到一半時打開鏡頭記錄，月底，我等到歌曲已近尾聲才按錄製。最後，我彙集了多部一秒短片，審視自己的技巧。

老實說，「每天一秒」對我的練習沒有想像中的那樣有益。原本期望它會展現出我的改變，無論是變好或變壞都好，但實際操作後，我意識到短暫的一秒，不足以真正展現出我的能力有何改變。

我剛好記錄到我調整敲鼓的方式，從下方敲打碎音鈸，而不是用鼓槌敲打碎音鈸。我看見自己匆忙按下錄製鍵，然後摔倒，及時坐回椅子，用小鼓敲打前奏。我因影片想起週六的練習，我習慣搶拍，週日我喜歡打反拍（我並不是有意去選擇風格）。

不過，透過每天錄製一秒鐘，記錄下音樂的一、兩拍，就能解釋為什麼節奏不準確是不正常的。該應用程式拍攝的瞬間片段，即使記錄下我最差的幾次練習，或某些比較完美的樂句，光憑一秒鐘的片段，不足以讓我得知自己的能力是否有任何的進展，不足以讓我真正勾勒出自己的才能。

然而，正如鮑瑟維所說，一秒鐘的片段確實修正了錯誤的回憶。我以為自己向來是持之以恆地練習，但回顧片段後，發現自己沒做到。我以為每個週末我都有練習，但其實不然，應用程式行事曆空下的日子就是證據。那些時候我應該要練習、以為有練習，卻沒有練習。

班布里奇掃描受試者大腦時，受試者經歷的體驗，我也同樣體驗到了。當我觀看自己的片段，雖然長度極短，卻也是在規畫將來。我看到自己迄今的表現，並不感到滿足，雖說肯定好過於剛開始學鼓的時候，但現在依舊表現不佳。

進展停滯的原因在於沒有持續、沒有時常去精進自己。因此我使用廣角鏡頭審視一個月內打鼓的狀況，不由得覺得自己該付出加倍心力，於是我回去練習打鼓。

第8章

全盤皆拿，反而讓人生礙手礙腳

就在馬提剛學習名詞時，他也培養了某些喜好，這些嗜好有時會衝突到我精心替我倆安排的計畫。我把撫養孩子的這個階段，稱作「馴服獅子」和「跟恐怖分子談判」的連續技。我是家長，也是心理學者，所以很期待將反向心理學，用在那隻小野獸人生中的某一刻，我也相當確信自己能有效應用這種手法，可惜我只說對了一點。

某個工作日的晚上，太陽落下之際，我催促著臉上沾著晚餐殘渣、滿身黏膩的幼兒，設法讓他做好上床睡覺的準備。就寢前有例行公事，不能在吃飽後直接上床睡覺，便是其中之一，所以我的目標是讓他脫掉衣服，進入浴缸。馬提知道洗完澡馬上就會被關進嬰兒床，因此他採取拖延策略。他很清楚，說想玩卡車或積木，拖延不了時間，於是轉而試著要求我講故事給他聽。

此時我跟孩子陷入僵局，我們倆大眼瞪小眼，他站在一堆枕頭上，那是他堆的小山。馬提說：「書！」凡是剛學會說話並了解當中含意的小孩，語氣都是如此獨斷。

我回答：「洗澡。」凡是很想把骯髒又疲累的小孩洗乾淨、哄睡的母親，語氣都是如此盼望。

馬提聽了回答：「書。」顯然是要接在我說的「洗澡」後面。

「洗澡。」

「書。」

「洗澡。」

「書。」

我決定運用心理學。孩子盯著我看，等著我說出「洗澡」二字，或希望我投降，但我推翻這一來一往的局面。我說：「書。」

我差點就贏了！彷彿是慢動作，我看著他扁嘴，小嘴做出「洗」的嘴形，但他在發出聲音前發現講錯了，停下來，腦袋歪向一邊，咯咯笑，然後再次恢復信心和興致，說：「書！」我讓步，讀了幾個故事，摟著心滿意足又有點髒兮兮的小男孩。

這輩子，我會舉白旗投降的時機，不只限於我選擇說服策略時。即使是精心構思的計畫，也要懂得適時放棄，這不僅是司空見慣之事，有時候也是很好的應對之道。當然，設立目標其中一個難處，就是意識到自己可能不得不放手，或是要修正原本規畫的路線。

人類很難放棄自己立志要達成的事，因為我們詮釋成功、快樂的方法相當單一。很多人都認為，設立目標後，唯有履行當初對自己許下的諾言，才算是成功。其實勝利的模樣，不一定跟我們想像的相同。只要脫離束縛，不執著去追尋單一的目標，或許能發現成功以其他形式展現。

那麼，如何知道該去嘗試新方法以實現志向？有哪些跡象告訴我們追尋的目標最後會走進死路？有時，世界會告訴我們，我們只要聽進去就好了。

史提夫．辛姆斯（Steve Sims）的情況正是如此。他在東倫敦長大，家中從事建築業。他原本是砌磚工，卻想要有更多收入，只要他看見哪裡可以賺大錢，他就會去賺。之後他改行，找到證券經紀人的工作。六個月後，憑藉口才調職到香港分公司。

他憑藉口才拿到工作，並不代表他真正準備好做那份工作，因此辛姆斯星期六飛往香港，下個星期二就被解僱了。

他沒有B計畫，但他有著相當發達的肌肉，於是他去當夜店門口的保鑣，藉此機會認識香港名人、菁英，成為上流社交圈的重要人物。他知道哪些人是最厲害的派對玩家，哪裡有最好玩的派對，於是他開始自己辦活動，也有不少人前來。即使如此，他還是懷抱著從事銀行業的志向，所以帶著顯要人物的名單去了銀行。他以為跟有錢客戶關係好，能幫助他快速通過面試，以為長久以來的夢幻工作能就此到手。

他的期望落空，手中的客戶名單並不是沒讓銀行員留下深刻印象，他們反而個個對他刮目相看，只是不想僱用他來管理客戶的投資。然而，銀行想資助他辦的活動，因為銀行了解他有賺錢能力，並且有能力讓銀行一再接觸到有錢人。因此，辛姆斯派對規模逐漸成長，後來成長到不得不限制派對人數。派對名單上的賓客，會在派對開始前幾小時收到入場暗號，對門口保鑣輕聲說出古怪的片語，就可以進場。此時，辛姆斯想在銀行業有所成就的志向完全消失，但頂級奢華貴賓服務公司 Bluefish 就此誕生，公司以首批客戶的入場暗號為名。

如今，辛姆斯推出的行程眾多，有鐵達尼號的深海巡禮、穿越外太空的高空飛行探險等。他曾經安排某位客戶，在紐約時裝週走上伸展台，還曾經讓另一位客戶當一日詹姆斯·龐德，體驗龐德的一天：接受性感女人的招待、在摩納哥的街頭被間諜追、遭海盜綁架，最後還被索要贖金。他還曾經召集一組專業賽車手，讓兩位哈佛講師體驗撞爛改裝車的感覺。

辛姆斯把富豪的瘋狂夢想化為現實，而這一切始於他放棄自己原先的志向。

放棄邁向真正的成長

希奧多．蓋索（Theodor Geisel）坐擁數以百計的帽子，收藏在位於拉霍亞（La Jolla）的住處，書櫃後的衣帽間裡。有各種以羽飾、絨毛、緞帶、穗飾裝飾的帽子，還有巴洛克捷克頭盔、塑膠製的維京人玩具帽、白色皮革製的行進樂隊高帽、黑白相間的囚犯帽、迷你墨西哥草帽、看來凶猛的矛尖盔、飾有羽毛的軟邊寬沿帽等。

蓋索就是知名的蘇斯博士（Dr. Seuss），他很喜愛自己收藏的帽子，並利用帽子獲得個人和專業上的優勢。比如說，他招待客人時，會在適當時機展示他收藏的帽子，拿出不同的帽子給客人戴。在太過冷淡疏遠的晚宴上，帽子也具有破冰作用。

帽子還扮演著另一個角色：文學謬思。一九六〇年代晚期，蘇斯博士有時要趕截稿日，跟蘭登書屋《入門書籍》（*Beginner Books*）系列的主編麥可．弗里斯（Michael Frith）一起並肩作戰。兩人熬夜到清晨，努力把下一本富有詩意的傑作修改到完美。有時，兩人被措辭難倒，他們怎麼想，想到的字眼就是不合適，至於要用什麼字眼取代，依舊懸而未決。這時，蘇斯博士必定會走去衣帽間，為自己和主編拿幾頂帽子。他通常會在菲斯帽、墨西哥草帽、軍人頭盔之中，挑選一頂啟發靈感。帽子讓兩人放下一直在苦惱的字眼，開拓出一條全新的路線。

正如蘇斯博士的例子，有時要合乎自己的最佳利益，就要放下一頂帽子、戴上另一頂，適時放棄某種做法，嘗試別種做法。

蒙特婁康克迪亞大學研究人員卡斯騰・沃許（Carsten Wrosch），用他的整個職涯調查以下命題：對個體而言，相較於不斷追逐難以達到的成果，放棄無效的追尋是否更為有益？[1]近年來，他運用這個研究了解人們在分居或離婚後，如何復原。

他得到的結論竟然合乎美國歌手尼爾・薩達卡（Neil Sedaka）最知名的歌詞「分手不容易」，尤其人們通常不知道，分手後該做什麼讓自己更快樂。是否該往前走、尋找新的感情？是否要找新的社交聚會場所？是要更努力撫養小孩，還是要再次投資自己的事業？

為了回答前述問題，沃許調查了二十幾至三十幾歲的年輕人，以及四十幾至五十幾歲，相對年長的人。約半數的人有穩定感情關係，另外半數的人，則在過去幾年間分居或離婚。分居者的情緒幸福感，不如目前有感情關係的人，這點並不奇怪。當分居者想到感情狀態，就會自尊低落，憂鬱程度隨之升高。無論受訪者是年輕還是年長，都是如此。

只要曾經感受被拋棄的苦痛，就會知道那些感覺不會長久。沃許在十五個月後進行後續追蹤，發現不論年輕或年長，分居者或離婚者的感受好轉許多。

然而，受訪者找到快樂的方式，根據年齡不同而有所差異。十五個月後的後續追蹤中，覺得快樂的人與不覺得快樂的人區別在於，他們在感情關係結束後，如何建構新目標。

為了釐清這個問題，沃許請全體受訪者，列出接下來五年至十年要達成的五項目標。他讀受試者們列的清單，把目標分成兩類：找到新的交往對象，還是以其他方式建立社群關係（比如：投入某部電視影集後，夢想自己會射箭，於是加入射箭會）。

在二十幾至三十幾歲的受試者中，快樂度最高的人，是遭遇挫折後仍重新去尋覓愛情的人。對年輕人而言，可以用「海裡到處都是魚」來形容，找到交往對象的機會還很充裕。

至於四十幾至五十幾歲的人，感情前景的希望相當渺茫。畢竟這個年齡層有許多人已經有伴侶了，其他的人可能把事業看得比感情重要。沃許發現年長的人若認清現實的限制，把優先事項，從找到伴侶改成與家人加深關係，或交新朋友，十五個月後的後續追蹤，他們會比努力尋覓伴侶的人，還要更心滿意足，情緒也穩定許多。雖然跟別人建立關係還是很重要，但根據調整情感的方式，能看出誰快樂、誰不快樂。

冒險之舉若要產生最大收益，就要放下當初為追求快樂而制定的原始計畫。為了要達成真正的重要目標，放棄確實很有用，但我們不會嘗試放棄。為什麼不呢？這問題的答案與錯視有共同之處，如同動搖一項投入已久的目標一樣困難。

圖表8-1的相片雖然品質略差，但還算是看得出是誰。你很有可能認得出那是愛因斯坦吧？不過，如果用力瞇起眼睛看，拿起書、手臂往前伸，或瞇眼、把書拿遠，或許你會發現另一張臉孔出現，有著淡金色頭髮的瑪麗蓮．夢露。

MIT-IBM Watson 人工智慧實驗室執行長奧黛．歐利瓦（Aude Oliva），創造出這個視覺經驗，方法是重疊兩位二十世紀名人的相片。愛因斯坦和夢露出現在同一個圖像中，但我們看這張合成的相片，卻強烈傾向看到其中一位。我們可以藉由改變自己觀看的方式，強迫自己看出另一張相片。不過，只要一回到自

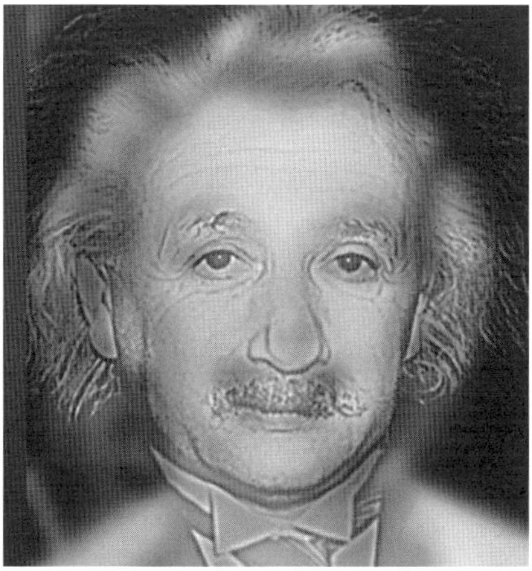

圖表 8-1　愛因斯坦還是瑪麗蓮．夢露

然的閱讀方法，一開始的感知經驗會再度接管視覺。

我們之所以很難放棄心目中很重要的目標，就等同在這張相片中，很難放下愛因斯坦，轉而看見夢露，兩者基於同樣的理由，便是陷入了只看見單一詮釋的視角中，困在以為只有一種成功法的想法中。實情並非如此，有時可能需要考量以另一條途徑達成目標，目前依循的路線可能會帶著我們走進死路。

我們要如何知道自身的失敗，代表的是難以克服的無能，而不是旅程上可解決的失誤呢？如何得知該放棄呢？

從我們內心的思緒，或許會有所體悟，若時常想著不屈不撓的代價與好處，而且想的頻率比平常高出許多，就表示你可能到了抉擇關頭。當你付出時間、努力、體力去追尋某項重要目標，一路上卻是跌跌撞撞，此時就會分析優缺點，評估現在應該加倍付出，還是減少損失？

馬拉松跑者跑到約二十九公里時，往往會問自己這個問題。還剩十三公里要跑，此時身心資源已大量消耗，但也還在堅持往下進行。跑者的身體從燃燒葡萄糖轉變為燃燒脂肪，以更快的速率消耗剩餘體力。有些人感覺不到自己的腳，有些人說感覺腿裝滿鉛彈。

在首屆倫敦馬拉松並列第一的迪克・畢爾茲利（Dick Beardsley）如此描述：「感覺像是有大象從樹上跳到我的肩膀上，要我一路背著牠跑完。」此階段跑者就是碰到撞牆期了。你或許會以為馬拉松每跑一公里，放棄的跑者比例會隨之增加。隨著疲勞加劇，及酸疼肌肉感受到的灼熱感增強，會理所當然以為有越來越多跑者就此放棄，可是並沒有。

二〇〇九年，紐約路跑者公布前一年沒跑完紐約市馬拉松的跑者數據，發現棄賽率在十公里左右急遽攀升，在二十四公里至二十九公里的檢查點間達到最高。[2]從二十九公里到終點線，剛到達四十二公里時，棄賽率突然銳減。只要過了二十九公里，跑者的完賽機率就會更高。

撞牆期確實存在，撞牆期發生時，跑者會開始衡量繼續跑的代價和完賽的獎勵。經歷撞牆期的跑者，會比其他時刻更認真考慮放棄。蘇黎世大學與伯恩大學的研究人員，針對撞牆期前、撞牆期、撞牆期後，馬拉松跑者內心浮現的想法展開研究，他們的研究對象大部分都是經驗豐富的跑者。[3]雖然有些人的跑齡只有一年，但是更多的是跑了三十年的人。這些跑者每週都會跑四十八公里以上。跑者接受馬拉松訓練和參賽後，會反思自己在賽程四個檢查點的經驗。

你可能會以為隨著賽事的進展，跑者會越來越常想著放棄的好處：冰敷疼痛的肌肉、按摩僵硬的肌肉。這些好處有一定的吸引力，成為難以抗拒的誘惑。然而，跑者接近撞牆期時，心裡會拼命冒出其他的考量，想著繼續跑的好處，例如：完賽獎章掛在脖子上的感覺有多好。也會想著放棄的代價，例如：看見別人戴著完賽獎章，自己的脖子卻是空空的，會有多失望。

實際上，考量所有利弊的頻率，會在將近二十九公里的撞牆期達到高峰，此後就銳減。撞牆期最容易來回想著代價與好處，因此是棄賽率最高的時候。

如果你是馬拉松跑者，身體也足以應付，那麼放棄可能不會是恰當的反應。你會相當確信越過這道牆就能振作。不過，在其他領域，放棄其實是健康的選擇。

卡斯騰．沃許以放棄感情關係目標的人，為對象進行研究，分析他們的個人經驗。[4]他建立一套方法，用指數來顯示受試者碰到需改變路線的難關時，會有的個人經驗。研究團隊會詢問受試者以下問題：「你盡心盡力只為達重要目標，若你不要那麼努力，有多容易？如果你放棄了，還保有多少堅定感？放手對你來說有多困難？」他的團隊彙總全部答案，制定指數，呈現出放棄對每個人來說，是簡單還是困難。

然後，研究人員請受試者帶著試管回家。接下來四天要採集受試者的唾液，每一天要採集四次，將唾液吐到試管裡，放進冰箱冷藏，最後帶回實驗室交回。研究人員會利用這些樣本測量皮質醇，皮質醇是人體為因應壓力而產生的荷爾蒙。

研究人員結合放棄指數與皮質醇樣本的結果，發現這兩種數據間，有重要的相關性。所有受試者在起床後的第一個小時內，皮質醇濃度最高，這是正常也是預期中的現象。因為人剛醒來時，身體會分泌皮質醇，有利我們趕緊動作。健康者的皮質醇濃度，會隨著一天時間的過去而逐漸下降，直到入睡為止。在這項研究中，容易放棄的受試者，皮質醇濃度，會隨著一天時間的過去大幅下降，前四小時會下降一半，四小時後再下降一半，入睡前又會稍微下降。

然而，比一般人還要難放棄的受試者，隨著一天時間的過去，皮質醇濃度並沒有同等幅度的下降。這類受試者醒來後，各個檢查點的皮質醇濃度，一直高出三〇％左右。這數據很危險，因為維持這濃度的皮質醇，會更容易讓人罹患疾病、損耗身體。對於最難放下達不到目標的人，他們長期承受的壓力大過於在適當時機找到方法放棄的人。

廣角鏡頭能檢視放棄目標的關鍵時機

王薇薇（Vera Wang）是十分熱門的當代女性時尚設計師。根據市場的資料來源，標有Vera Wang品牌名稱的商品零售價，估計每年超過十億美元。她不僅裝扮自己，還負責珍妮佛．羅培茲（Jennifer Lopez）、雀兒喜．柯林頓（Chelsea Clinton）、伊凡卡．川普（Ivanka Trump）、克莉絲汀．泰根（Chrissy Teigen）等人婚禮當日的服裝。第一夫人蜜雪兒．歐巴馬在白宮舉辦國宴，款待中國國家主席習近平及妻子彭麗媛，也是選擇王薇薇設計的服飾。王薇薇累積的個人財富，超過六億三千萬美元。

其實王薇薇一開始的志向並不是服裝設計。

當王薇薇穿上第一雙花式滑冰鞋時，只有七歲。她在曼哈頓上東區長大，但是中央公園的溜冰場不是她想滑冰的地方，她立志進入體育館比賽。她辛苦訓練十年，總是期望自己能穿著萊卡材質和閃亮的服飾上場。大學時期，她搭便車前往紐澤西州西奧蘭治市（West Orange），參加北大西洋花式滑冰錦標賽。她的表演將近完美，贏得成年女子組冠軍，登上《運動畫刊》（*Sports Illustrated*）的報導。

不過，此後這頭銜再也不復得。青少年時期的王薇薇和搭檔詹姆斯．史都華

（James Stuart），參加美國國家錦標賽，他們沒有贏得比賽。王薇薇夢想進入奧運滑冰隊，但冰上女王佩姬・弗萊明（Peggy Fleming）打敗她，進入奧運隊。王薇薇搭檔史都華輪掉賽事後，史都華決定改走單人滑冰，而王薇薇決定把滑冰鞋永遠束之高閣。

王薇薇在巴黎索邦（Sorbonne）重新振作起來，體會到自己想從人生得到的，不一定只有滑冰做得到。在時裝雜誌 Style.com 的訪談中，王薇薇表示，她的熱情是「熱愛美、熱愛線條，也熱愛訴說某種故事並打動人心」。她一開始以為在花式滑冰能找到熱情，後來她碰到停滯期，也坦然面對年紀更小的滑冰選手，逼近她岌岌可危的地位，於是決定轉換跑道，進入時尚設計圈。

王薇薇自然地將人生的鏡頭切換成廣角，而改變鏡頭後，推動她一早起來繫鞋帶的熱情，如今用在時尚圈。我們會認識王薇薇，並不是因為她曾經在費城的國家賽獲得青年組雙滑第五名，而是因為她一手打造出薄紗雪紡王國。

放棄就意味著有機會改變方向、重新塑造與發現。無論有意無意，王薇薇採用廣角鏡頭後，就看清了人生中的所有小碎片，是怎麼組合，看清了其他的路徑與選擇，是怎麼通往同樣的結果。

採用廣角鏡頭後，的確就能認清各種行動與理想間的關係：正在考慮進行健康飲食法，廣角鏡頭可讓人認清，飲食量與運動量之間的關聯。若是正在設法減少焦慮感，廣角鏡頭可讓人體悟到，選擇將時間用在超時工作上，就是犧牲照顧自己的機會。

有了廣角鏡頭，也能把結果匯集於待辦清單，避免盡心盡力後，卻還是達不到目標。假如我們剛參加完熱鬧的家族聚會，見到堂表親、姨姑、伯叔舅，就會很想跟親戚維持良好的關係，而且我們的渴望從沒像此時這般刻不容緩。

我們的興致，可能會因為遠房堂哥沒回覆電子郵件，或過濾來電的姪子沒回電，被潑了一盆冷水。

如果只把注意力放在失聯的關係上，那麼原本想在家族內建立陪伴關係，熱情可能輕易就枯萎。若經歷了太多次失敗，不屈不撓的動力也會衰退，不過，廣角鏡頭可以把成敗一同納入背景脈絡中考量。

採用廣角鏡頭，就能找出不同的方法，甚至用更好的策略達成目標。

紐約的計程車司機，可以自行選擇工作時段。第一類的司機是向車行租計程車，十二小時輪一次班。在經濟學者所做的某項研究中，司機租一輛車值白天的班，需要支付車行老闆七十六美元，隔夜的班則是要支付八十六美元。當司機輪完班，還車時需要加滿車油，油費大概十五美元。

第二類的司機是以週計費或月計費的方式，跟車行老闆租車。第三類是持有計程車牌照的司機，費用約十三萬美元，若要在紐約市合法駕駛計程車，必須持有計程車牌照。司機只要在約定時間前歸還車，就能拿到全數車費，含小費在內，晚還車要罰款。

在紐約，司機賺到的車費，多半是靠四處繞繞尋找乘客來的。車費由紐約市計程車暨禮車管理局負責制定監管，司機的收入高低，仰賴出車的趟數和車子在外的時數。

經濟學者想知道，司機在一天的工作時數上，是否有做出最好的決策。[5]他們認為的最佳策略，是在需求高的日子增加工作時數，在比較少人叫車的日子減少時數。天氣也會影響乘客是否叫計程車：酷寒或下雨天，原本想步行至目的地的行人會考慮叫車。尖峰時間與午餐時間，叫車的需求也會達到高峰。這項策略可大幅提高平均日薪，並彈性分配個人休閒時間，需求高就工作，需求低就放一天假。

為測試司機實際上是否有做出最佳選擇，經濟學者分析多家車行將近兩千張派車單。司機必須在派車單上記錄乘客上下車時間，與不含小費的車費金額。研究人員透過計程車油表，可以知道司機每次值班的時數，因此還能計算出司機賺到的平均日薪。

研究人員發現，有些司機並未採用可大幅提高利潤與休閒時間的策略，反而在時薪變低時增加工作時數。司機們在收入來源變少時，不願縮短工作時數。

每日付錢租用計程車的第一類司機，多是採用縮小焦點法做出決策，以「一次一天」的角度去看，設立寬鬆的日薪目標，當天賺到一定金額就下班。其他司機做出的決策，較能幫助他們在工作與休假間取得平衡。司機看到當日平均時薪下降，會縮短工作時數，在當日車費提高的時候，會增加工作時數。以更寬的景框，結合支出與收入一起看，選擇效率較高的安排。

採用廣角鏡頭，並且設立週目標或月目標，就能大幅減少勞力浪費，並提高利潤，還能有休閒時間。他們可以縮短工作時數，賺進更多的錢。要是付出努力還沒有成效，廣角鏡頭會導致熱忱熄滅。

一九八二年，《柯夢波丹》（*Cosmopolitan*）雜誌首位女性主編海倫．葛利．布朗（Helen Gurley Brown），提出「全盤皆拿」（Having It All），引發熱議，她甚至拿這個用語來當書名。這句話快速又驚人地成為眾人參考的論述，還讓大部分的人感到難以承受、灰心氣餒，特別是女性讀者。這道咒語讓大家以為，人有可能在親職、事業等衝突角色間達到平衡，並且可以表現卓越，還讓大家以為能做到這點，人生中就可以達到真正的成功。我們有壓力覺得要做得更多，還要全都做得好。

數十年過去，「全盤皆拿」的定義有所改變，但有一點依舊不變，這句諺語還是讓人感覺像把許多做不到的需求，施加在我們身上。參議員陸天娜（Kirsten Gillibrand）在其著作《不再旁觀》（*Off the Sidelines*）就如此敦促讀者：「拜託，別再討論全盤皆拿，開始討論全部都做的真正挑戰。」安・瑪麗・史勞特（Anne-Marie Slaughter，擔任美國國務院政策規畫主任的第一位女性）秉持類似的精神，為《大西洋》（*The Atlantic*）雜誌撰寫了〈女性為何依舊無法全盤皆拿〉一文。她之所以撰寫這篇文章，有一部分是因為其他女性對她說，她不該寫，並勸她：「這訊息不應該傳達給其他女性。」不過，她還是寫了，因為儘管她的人生為她打開許多道門，她還是覺得有想去的地方卻去不了。

「全盤皆拿」無所不在，我們因此以為大部分的人都渴望戴一堆帽子（但也許不會像蘇斯博士那樣），而且都戴得很好看，也因此認為自己也追求同樣的目標。即使社會常規和社會期待不完全正確，我們對這兩者的認知，可能會導致我們難以放棄努力邁向的目標。就算有想要放棄的念頭，也可能會覺得放棄不好。

在馬提一歲左右，我有一堆事要忙。我投入身為科學家的研究事業，要教書，要穿越半個美國的路途，幫忙剛退休的父母搬家，要寫這本書，還要設法學會打鼓，鼓藝要好得不會在大家面前出糗。我正經歷著全盤皆拿的苦處，對這個用語的存在也很不高興。

在同一時期，有個大品牌跟我接洽，問我想不想擔任某項研究的科學顧問，探討女性如何定義理想生活。女性真的像「全盤皆拿」暗示的那樣，抱持一堆目標嗎？這樣會帶來快樂嗎？即使這樣肯定會攬太多事在自己身上，我仍抓住機會，要怪就只能怪自己不會拒絕。然而，這些是我個人想要了解的問題。

我們選擇訴說十八位女性的故事，她們的人生經歷不同，卻並非罕見。這些女性全都堅強又自信，達成了相當出色的成就，例如：獲得研究所與專業學位，賺得的薪水可讓她們選擇要住的城市、度過舒適的人生，並經營有意義又深刻的關係。不過，她們全都處在人生抉擇點，沒有過著她們夢想人生。旅程尚未結束，仍在進行中。

我們設計問卷，請這些女性在家中私下填完。請她們思考「全盤皆拿」對自己的意義是什麼，並且界定她們的理想生活必須具備什麼？我們問她們：「人生中可帶來充實感與快樂的是什麼？是能夠騰出時間用在心理健康和運動上嗎？是能在一流公司管理卓越的員工團隊嗎？是能把一生奉獻給慈善事業嗎？是能花時間照顧別人嗎？」她們跟我們聊到自己生命中的重要女性，當她們要做出重大決策時，常會仰賴重要女性，就像是支援網。例如：該跟誰約會、要不要生小孩、何時要生小孩、如何完成學業並找到適合的工作等。

幾週後，我們寄送邀請函給受訪女性及她們的支援網，邀請她們來紐約市上流區的某個地方。雖然邀請函沒有聽起來那樣奇怪，但提供的資訊也不是很充分。我們對她們說，希望有機會更深入了解她們在人生中想要什麼，邀請她們帶自己的媽媽、姐妹、好友、法學院學伴等，她們提及的最仰賴的女性出席。她們不曉得這是一項社會實驗。

科學家在專業期刊發表學術作品前，會經歷嚴格的同儕審查過程，這個實驗雖然沒經過這樣的考驗，卻也遵循同樣的原則。對於女性以什麼樣的過程定義理想人生，我們自有一番推論，但還要透過資料來佐證推論是否正確。

在約定的日期到來前，我有一些事前準備。我跟電影製作工作人員會面，他們會拍攝現場並製作影片，讓大家得知最後的結果。工作人員與我談了不少事：這些受訪女性的身分、她們在當下的人生碰到哪些挑戰，以及我會提出哪些問題，揭露這些女性為何無法活出真正想活的人生。我們還談到人們是基於哪些心理因素，才會屢次做出同樣的決定，使自己長期無法給自己快樂。我們針對哪些因素會激起人們做出改變充分討論。

然後，我們的對話主題跳到服飾上，特別是我的衣服。從來沒有人提過我的時尚感很前衛，自從馬提出生之後，就更沒人說過了。時間很寶貴，那段時期，我不太買東西，頂多就是在網路上買尿布。

製作團隊問我，衣櫃裡的衣物有沒有任何適合拍照的，此時距離拍照時間只剩一天半，我慌了。帶領此項專案的導演是露西・沃克（Lucy Walker），而她有一套嚴謹的規範，在於什麼東西拍起來效果會比較好。我的衣櫃肯定會令她失望。在專業和個人方面，她都是我望塵莫及的對象。她跟我分享她在新聞裡讀到的心理學研究報告，是前陣子發布的某篇研究報告，而且研究結果是我還沒聽過的。與此同時，她看起來就像是才剛去過唐娜泰拉・凡賽斯（Donatella Versace）的個人衣物間。

她有兩部電影獲奧斯卡獎提名，還有幾部電影，幾乎在每個舉辦影展的國家，都榮獲最佳影片的提名。說來湊巧，彼得和我剛開始約會的時候，曾經一同前往現代美術館，參加她某部電影的世界首映會，而且坐在音樂人魔比（Moby）隔壁，魔比負責製作該電影的音樂，而且當時也常跟沃克一起在紐約市擔任ＤＪ。另外，她穿的是天鵝絨，看來毫無違和感。

沃克下了明確的指示：我的服裝要有袖子，不要有密集的圖案，顏色要飽和，不要有標誌，風格專業但要引人注目，當代卻雋永。我拿到清單後，合乎條件的只有鞋子，而且那雙鞋子可能不上鏡。我的行程很緊湊，只有兩小時的空檔，能充實無趣又過時的衣櫃。

我沿著製作團隊辦公室到我家公寓之間的路線，以及三個街區的半徑範圍內，快速地逛過蘇活區（SoHo）的每一家店。我買了所有合乎她指示的服飾，假如沃克回絕我選的服飾，希望店家還願意大方讓我退貨。

我在試衣間試穿衣服，還拍了不太吸引人的自拍。我把相片傳給沃克的製作團隊，我選的服飾全都不及格，最後他們決定請專家接手。

時尚顧問不到一小時就打電話給我，提了幾個跟尺寸、風格有關的問題。我給了我的尺寸數據，告訴她風格沒有特別的偏好，她立刻著手處理。隔天，她向我保證會找到新服飾，兼顧沃克的要求和我的喜好。她說：「相信我就對了。妳想要什麼，我懂，看看我的網站吧。到時妳看起來會很棒，很上鏡。」一掛電話，我立刻找出她的網站，她的網站很像Pinterest頁面，裡面有很多相片，最明顯的相片，是有著身體藝術和刺青的人物。

我帶著不安上床睡覺。

結果，我根本沒必要擔心，顧問挑選的服裝很完美。還有一點更重要，當天的社會實驗進行得很順利，結果也特別啟發人心。

那些女性與她們的支援網，現身於邀請函上的地點，此時我的時尚顧問已做好準備，若對方有需要，也會打點她們的服裝。錄音師把麥克風藏在受試者身上最不容易看見的位置。我的麥克風是戴在大腿上半部的皮帶上，彷彿經過嚴格訓練的超級英雄，具備祕密的擴音力量。準備作業都完成後，我跟女性們碰面。這時，製作團隊已把空蕩的店面布置成一日快閃店。

這些女性走進來的時候，一臉訝異。這和普通的店家或平常的購物經驗不同。這正是重點所在。我解釋道，今天她們要為自己的理想生活購物。我鼓勵每位女性，思考自己在人生各個層面真正想要達成什麼。快閃店各區會提供各種選擇，她們需思考，哪些選擇可以反映出現實中，能達成的最重要目標，把選擇的東西裝進籃子裡。架上放著玻璃罐、瓶子、袋子、金屬罐、管子，這些容器上都貼著標籤，例如：每週工作四十至六十小時、保姆、捐錢給慈善機構、烹調健康的餐食等。我把籃子遞給每位女性，請她們進入店內購物。

過了一陣子，她們來到結帳櫃檯，把購物籃拿給我。我手邊有那些女性前幾週完成的調查問卷，知道每位女性人生中最看重的事，但她們對此並不知情。在結帳櫃台，我仔細看了她們選擇的產品，比對這些選擇及她們在調查問卷的回答。

我發現這些女性有決心又有動力。與她們的問卷答案相比，在店內為理想生活購物時，有八九%的女性會建立更具抱負的目標。並且我發現了更有趣的現象，跟「女性努力想要全盤皆拿」的刻板印象恰好相反，這些女性想要的特別人生，都是獨一無二、有別於其他女性的，她們打算把心力集中在自己想要的人生上。有七七%的女性，在店內制定更具抱負的目標，選擇人生中最重要領域的目標。她們並不是在人生的所有層面，都努力達到最高標準，而是在個人覺得最滿意的領域上做到頂尖，她們滿意的領域因人而異。

我認識的一位女性，梅蘭妮（Melanie）從聲譽顯著的美國法學院畢業，通過律師資格考後，隨即任職於紐約市的大公司。她的工作行程時常剝奪個人時間，而她想拿回一些個人時間。她的理想生活，是能夠花更多時間在個人成長與家庭上，而她當時正在找方法達到這項目標。不久後，她就離開公司，搬到亞特蘭大，在法律領域中，壓力沒那麼大的領域，從頭經營事業。這當然是大膽的決定。

我認識到另一位女性克莉絲汀（Cristina），我得知她沒有小孩，但對她來說，她很難開口承認自己其實想要小孩。我們第一次談話時，我問她，理想生活有沒有包括小孩，而她說：「天啊才沒有！」不過，後來她在店內購物，籃子裡卻藏了「小孩三個以上」的袋子。當我問及此事，她回答：「老實說，那是我一直以來會想像的畫面。」

艾曼達（Amanda）對我說過，她兄弟姊妹很多，很常花自己的時間去幫助他們，但她的理想生活，是擁有更多個人的時間。她對我說，這麼做她會覺得內疚，卻也疑惑：「為什麼會覺得身為女人，就一定要犧牲自己呢？」

這次購物的經驗，為什麼會影響到這些女性期望在人生中達成的目標呢？

我跟這些女性在談話時，她們對我說，過去，在她們的生活中，她們往往是以縮小的焦點去思考，認為人生決定只做一次選擇，沒有考量到隨後無法避免的讓步。眼前的事項需要她們付出時間與才能，她們滿腦子只想著，該怎麼做，才能滿足這樣的要求。

她們試著用當天的收穫，解決各自的問題。凱蘭（Kaylan）就讀神學院，所以她覺得接下來她要當牧師，而她也如願以償當上牧師。柯絲蒂（Kirsty）表示，醫師對她說：「該生小孩了。」即使她還沒有做好準備，卻也在認真考慮要生小孩。在思考人生可以做什麼、應該做什麼的時候，這些女性往往會依循目前人生的樣貌，以縮小焦點來看人生，最後反而導致她們產生不滿足和被困住的感覺。

這次的購物經驗反而切換成廣角鏡頭。女性站在更全面的角度，構思出理想人生，找方法務實地拼湊出最重要的志向。在店內，所有的人生選項展示在她們眼前，難就難在決定哪些選項適合放進籃子裡。籃子的大小和可以放進籃內的產品數，就有如現實施加的限制條件。

如果梅蘭妮挑選了上面寫著「一週工作二十小時至四十小時」的塑膠瓶，她必須把塑膠瓶擠進籃子中，在貼著「二十萬美元薪資」的金屬罐和寫著「拿到博士學位」的袋子間，找到空間放入籃子。塔夏（Tasha）試著把寫著「碩士學位」袋子塞進籃子裡，另外還有寫著「在工作上經常迎接挑戰」的罐子、「在六十歲前退休」的管子、寫著「旅行」的玻璃罐。我無意間聽到塔夏問友人佳詠（Kayon），她要怎麼做才能達成她想要的所有事。塔夏問：「我開始讀研究所，然後找工作，完成這些事情。但要怎麼做才能把家庭給塞進去？」佳詠回答：「塞進家庭的方法，就如同妳塞進所有新事物，一定要做出調整，因為那是妳想要的。」

快閃店使這些女性，從不同角度看待人生選擇。她們說，在快閃店裡，思考了自己真正想要的東西。看見所有選項並排在一起，令人不滿的選項與帶來喜悅的選項相鄰，更意識到人生中哪些事，其實沒那麼重要。這次經驗鼓勵每位女性，不僅要對人生想要的事物，懷抱宏大的夢想，也要思考如何使這些志向是可行的。有些女性大膽地承認，她們不想進入傳統婚姻、建立意義的友誼，或單親育兒，就感到心滿意足。有些女性打算遵循自己的內心，離開聲望好的事業，改為從事其他魅力比較不高的職業，因為她們體認到，這樣做自己才會感到滿足。

採取更寬廣的角度，能幫助自己思考，如何合併自己認同的幾個身分，從而體會到，心目中最重要的人事物是什麼，哪些可以犧牲。正如塔夏所言，該次經驗讓她體悟到：「我看待人生的角度、我想要的東西，都必須升級。」

有了廣角鏡頭，這些女性就更有力量，重新投入到令個人滿意的目標，並且對抗別人的期望，比較能突破社會常規。

那些跟我合作的女性全都獨一無二，但我想知道有無證據可證明，廣角鏡頭是否會左右女性不去服從常規。我參考社會心理學者多明尼克．派克（Dominic Packer）所做的研究，他曾在研究中提出類似的問題。[6]

在派克的研究中，他請年輕人思考，如何讓自己所屬社區可以有所進步。每個人都很有想法，想與他人分享自己針對社區與學校的看法。然後，研究人員會提供資訊，讓他們了解在表達信念時，應依循的社會常規。他們得知，同儕不贊同他人的批評意見。

研究人員還操控了受試者的注意力焦點，有些人會採取縮小焦點法，考慮要不要說出批評，有些人會採用廣角鏡頭。雖然受試者全都想看見社區變得更好，但受試者是否會服從同儕建立的社會常規？受試者知道同儕認為沉默是金後，會保持沉默，還是會說出疑慮？

在我的快閃店裡購物的女性們，在採用廣角鏡頭後，變得比較有抱負、沒那麼傳統，而派克的研究中，年輕人採用廣角鏡頭後，變得比較會反抗社會期望。受試者想做出改變，卻曉得提出不贊同的意見是禁忌，這時採用廣角鏡頭的人，會比縮小焦點者更容易公開說出內心想法。當他們運用廣角鏡頭，目光就會越過眼前保持沉默的社會壓力。因此有力氣去反抗社會期望，哪些事有利於自己和社會，他們就會去做。

想到自己需要改變跑道，可能會很害怕。有些恐懼來自於我們怎麼認定「改變」所代表的意義。如果把改變視為失敗，怪不得我們會避開改變。然而，如果把改變想成是找出另一條路，邁向自己設立的目標，那麼應該會更容易接受改變吧！

渴望成為醫師的大學生，經常提到生物課很難，所以才會離開醫學院預科（pre-medical）。然而，離開這門學科，不代表在嘗試進入醫界時失敗了。實際上，根據美國醫學院學會統計，二〇一八年進入醫學院的人，四五％有其他領域的學位，例如：數學或人文。[7]轉系不一定代表職業機會有所轉變，也許只是代表要找出另一條途徑邁向目的地。

演員威爾．史密斯（Will Smith）從十六歲開始就想當饒舌歌手，他和朋友取了

DJ Jazzy Jeff和Fresh Prince的名號，甚至還贏得四座葛萊美獎。不過，國稅局找上他，說他有財務違規行為。他才剛賺到財富，沒多久大部分都沒了。那次的挫敗對他來說不是慘劇，也不代表結束。他將重心改為演戲，把「Fresh Prince」的名號帶到洛杉磯市的貝萊爾（Bel Air），同名電視節目相當成功。此後，他的電影事業隨即一飛沖天，他贏得兩次全美民選獎，獲得兩次奧斯卡獎提名，還有另外數十種獎項的提名。《時代》雜誌把他列為百大最具影響力人物，只有足以改變世界的人，為權力、才能、道德榜樣，才會進入此名單。

凱德拉．史考特（Kendra Scott）是Kendra Scott時尚飾品公司的執行長，她僱用兩千名員工，九八%的員工是女性。二〇一七年，她獲得安永企業家獎。看似成功的她，在事業剛起步時，情況並不理想。她身上只有五百美元，在家中的一間客房工作，拜託媽媽負責代表公司接電話。她背著年幼的兒子逐一拜訪精品店，設法找出哪些店家願意代售她製作的飾品。有了一些訂單，賺到的現金剛好夠買下一批產品的製作材料。

在她的大兒子三歲、小兒子一歲時，她離婚了，生計重擔全在她身上，她得讓生意更上一層樓，必須找出一條往前的新途徑。她雖然大學肄業，卻開了第一家零售店，結果很不錯。不到三年，奧斯卡．德拉倫塔（Oscar de la Renta）選擇史考特的飾品，搭配時裝秀推出的春季系列。她現在名列《富比士》雜誌的全美白手起家女富豪排行榜，名次高過於泰勒絲（Taylor Swift）、碧昂絲（Beyoncé）、唐娜・凱倫（Donna Karan）、黛安・馮芙絲汀寶（Diane von Furstenberg）等名人。如今她的品牌價值超過十億美元。

教育、事業或個人生活中，也許都會遭遇到挫折，可能來得早，也可能來得晚。無論如何，都不用把挫折想成是失敗，或當作達不到目標的證明，請把挫折想成是迎來機會，可藉機找出一條新途徑往前邁進。

第9章

一心多用是事半功倍的錯覺

為了找出更多時間練習打鼓，我會同步進行兩到三件事。我找出十五分鐘的空檔，在彼得幫馬提更衣準備入睡到講故事前的這段時間。若重複播放長度四分鐘的〈你的愛〉，那麼在溫奶瓶、找出馬提的陪睡絨毛朋友，這段時間內可以練習三遍以上。十分鐘的空檔隨時都可以撥出，我在等人回電的時候，可以試著記住B段的節奏。我在寫書時可以邊聽歌，釐清大鼓小鼓怎麼合奏。如果我一邊沖澡一邊對著空氣練習打鼓，也可以算是額外的排練吧。

為了有更多練習時間，我在例行公事中塞入練習，我採取的方式，全都是將打鼓時間，附加到另一件我正在做的事情上，屬於一心多用的方式。雖然那些做法感覺完成了更多事，但是我很清楚那是行不通的。我錄下自己的練習，聆聽每次練習的錄音，當然多少有進步，對，我再也不像是努力學飛，卻不能接受自己飛不了的鴕鳥，但距離「才華洋溢」一詞，還是相當遙遠。

一心多用相當常見。我曾經調查過五百人，超過半數的人表示，他們偏好以一心多用，達成最重要的目標。不過，科學家發現這樣的偏好，跟自己真正的選擇並不一致。

一心多用在職場上有多普遍呢？[1] 為了了解這件事，科學家在卡內基美隆大學羅菈・達畢希（Laura Dabbish）的帶領下，前往一間理財服務公司和一家醫療服務公司，觀察員工每分鐘做出的選擇。

研究人員在三天時間，每分鐘跟隨著三十六位經理、理財分析師、軟體開發師、工程師、專案主管，並備有計時器，測量每位員工會用多少時間思考或動作，然後再切換到別的作業。結果發現，員工在切換手邊作業所花的時間，平均只有三分鐘。若員工使用電腦、手機或其他電子裝置，中斷的頻率會更頻繁，每兩分鐘左右會切換一次。當然，也會有不可避免的情況，只好放下手邊正在處理的事，例如：老闆經過或同事提問。然而，研究人員還發現，將近半數時間，員工是被自己打斷的，是他們自己選擇切換到另一件事情。這類員工很少長時間投注在一項專案上。某些人聽到訊息聲，就放下手上正在處理的試算表，也有些人看到電腦螢幕角落冒出的通知，不自覺按一下進行更新。

一心多用超過個人臨界值，成效不增反減

分散注意力會造成問題，利用認知資源同時做太多事情，成效會變得低落，可運用

的心理頻寬會變少，難以做出好決策，而我們同時進行的多項目標，也就難以邁進。

社會心理學者安德魯．沃德（Andrew Ward）和崔西．曼恩（Traci Mann）發現，一心多用會對長期目標造成危害。[2]兩人以一心多用對減重者造成的影響為重點進行研究。在實驗中，研究人員請受試者觀看知名藝術家的作品集影片。將該場放映創造出參觀美術館的體驗，觀眾不用跟人群搏鬥，也不用擔心自己的腦袋會撞到亞歷山大．考爾德（Alexander Calder）的動態雕塑，是個相當愉快的經驗。

在實驗中隨機選出一半的人，請他們在看影片時，只要聽到室內傳出嗶聲，腳就點一下地面，同時還必須記住自己看到的藝術品，以通過稍後的記憶測驗。莫內的《睡蓮》有沒有出現？羅斯科（Rothko）的《栗色上的黑色》（*Black on Maroon*）呢？

此外，當受試者參觀虛擬美術館時，會獲邀試吃零食，例如：玉米片、巧克力糖、餅乾等。研究人員很清楚，邀請減重者試吃零食，跟他們想減重的長期目標有衝突，這個做法是在確認一心多用是否會讓減重者屈服於誘惑。認知被同時用來做太多事，做出的選擇還會不會合乎個人的健康目標？

答案是不會。減重者一心多用的話，自己吃進什麼、吃了多少，當下做出的那些選擇，未來比較會感到後悔。相較於單純欣賞藝術的人，一心多用者儘管努力注意體重，從零食攝取的熱量還是多出四〇%左右。可隨意吃的零食，引發了自動的動作，抗拒不了。

一心多用引發的錯覺

儘管一心多用確實有損判斷力，但是很多人仍然堅稱一心多用是寶貴的能力，在許多情況下都要多加運用。尤其雇主會認為一心多用是令人羨慕又必備的「技能」。的確，想想二〇一九年一月的情況吧！全球數一數二的線上招募網站 Monster.com，張貼三百多萬則職務說明，要尋找高成效的一心多用者。

我們之所以會認為一心多用是值得培養的才能，有一部分的原因是，一心多用好像是正確的做法。研究人員在一個月內，一天詢問三次俄亥俄州哥倫比亞的受試者，了解他們正在做什麼、有什麼感覺。[3]發現勞工越一心多用，越會說自己很開心。然而，一心多用並不是在任何情況下都是正確的做法。雖然勞工說自己感覺很好，但越是一心多用，生產力就越低。

通常我們一心多用，是希望一天能做完更多事，但越常一心多用，成效就越低。那麼除了開心外，為什麼要繼續堅持採用效果不彰的做法呢？

為了讓這個問題更好理解，就拿小孩來舉例吧！我教心理學導論時，都會給學生看某項實驗的短片。片中有一個微笑的成人坐在椅子上，這張椅子的設計，是給臀部只有她一半大小的人，桌子的高度勉強高過高腳椅。她旁邊坐了個淡金色頭髮的四歲男孩，穿著膨膨的連帽上衣，眼神明亮又好奇，因為愛喝全脂鮮奶，臉頰胖嘟嘟的。

在男孩面前有個托盤，成人拿出五顆糖果，將糖果在托盤上排成一排，彼此間隔距離相同。她再拿出五顆糖果，放在剛才擺好的糖果下方，排出同樣的間距。成人問男孩：「第一排的糖果有沒有比第二排多？還是第一排的糖果比第二排少？或是兩排糖果一樣多？」

在成人進行準備作業的期間，男孩手肘放在桌上，以拳頭撐著腦袋，坐著看這一切，視線從成人的臉孔跳到糖果，注意有沒有好東西可以讓他拿走。男孩回答正確：「兩排的糖果一樣多。」不過，在男孩熱切看著托盤時，成人加大第二排糖果的間距，並且再度提問，這次男孩說：「第二排的糖果比較多。」雖然看這部短片的成人都知道糖果數量沒有改變，但是小男孩把長度變長的視覺經驗，當作是數量變多。

把空間與數量混為一談，算得上是人與生俱來的能力。發展心理學者發現，有幾種方法可用來測試，嬰兒預期世界會如何運作。[4]發展心理學者清楚，嬰兒從一出生就理解「比較多」的概念，可以用來描述自己看到的、聽到的東西。

法國科學家以將近一百名嬰兒為對象做測試，有些嬰兒出生還沒超過八小時呢！研究人員會播放一段錄音，內容是大人對嬰兒咿咿呀呀地說話，同時還給嬰兒看顏色鮮豔的一條線，是嬰兒看得見又喜愛的視覺圖像。將嬰兒分成兩組，一組嬰兒聽到大人連續說出許多音節，並向嬰兒展示一條長線。另一組嬰兒只聽到幾個音節，看見一條短線。

研究人員猜想嬰兒能理解剛才接觸到的模式。為了測驗嬰兒的預測，研究人員特別注意嬰兒接下來的反應。

研究人員在後續的測驗中做了更動。原本聽到多音節的嬰兒，現在只聽到幾個音節；原本只聽到幾個音節的嬰兒，現在會聽到多音節。就如同前一項測驗，當嬰兒聽見聲音時，螢幕上會有一條線。某次，線比較長，另一次，線比較短。研究人員要觀察的重點是，有變化的測驗配對模式，以及嬰兒剛才學到的「配對規則」，是否會使嬰兒產生不同的反應。研究人員很清楚，新生兒會盯著新奇的事物，所以如果新生兒觀看螢幕的時間較長，就能知道螢幕上的聲音與圖像配對，是他們沒預料到的。

研究團隊發現一個現象，若聲音與圖像的配對產生變化，嬰兒看的時間就會變長。在嬰兒的大腦裡，長度變長意味著數量變多，他們會體驗到不協調，並感到訝異。

即使大人吃的鹽比小孩吃的飯多，大人擁有更多人生經驗，依舊會把實體大小與數字價值混為一談，而許多公司就是利用這種錯覺從中獲益，使消費者從錢包中掏錢。

二〇一一年，卡夫（Kraft）公司大幅更動 Nabisco Premium 蘇打餅乾包裝，讓愛吃零食的人獲得新鮮感。卡夫公司推出了強調「新鮮一疊」（Fresh Stacks）的包裝，捨棄平常的四袋裝，改用八小袋的包裝。雖然蘇打餅乾還是維持相同價格，但是聰明的消費者或許會注意到，新包裝的餅乾數量比原本少了一五%。你可能會認為在意價格的消費者會生氣，或沒那麼想買新品，畢竟單價變高。然而實際狀況並非如此，在改包裝的兩年前，卡夫公司的蘇打餅乾銷售額為兩億八百萬美元，而改包裝後的那年，卡夫公司賺到的金額，高達兩億七千兩百萬美元。當然了，這期間會有通貨膨脹的問題，行銷策略也有所改變，但新包裝是卡夫公司以往從未嘗試的一大改變，獲得的收益之高，在該公司歷史上是數一數二的。這股趨勢延續不斷。截至二〇一五年五月十七日，共五十二週，Nabisco Premium 是美國蘇打餅乾第一品牌。

就算看起來多的事物，實際上並不如視覺上的多，人還是會傾向於選擇看起來多的，這是很常見的經驗，或許可用來解釋，人們為何會認為一心多用會提升生產力。大家會過度依賴成效低落的手法，以及行銷人員能讓消費者再度關注重新包裝的蘇打餅乾，或許都是基於同一項原因。正如人們在錯覺下，會覺得更多看起來好像更好，同時做更多事也感覺是正確的，但事實上，那不一定是正確的決定。

錯覺影響人們的決策

人們想從一心多用的虛幻吸引力中獲益，並且難以克服這樣的衝動。小孩認為間距寬的糖果，數量多於間距窄的糖果。這些事的背後都是同一項原因：人難以凌駕本能。

儘管小孩有算數的能力，但糖果的間距一改變，還是會上當。即使小孩數數的能力能數到一百，又懂得加減法，看到實驗人員拉寬其中一排糖果的間距，多半還是會把長度變長和數量變多混為一談，很難克服當下經歷的視覺錯覺。

同樣現象也會發生在成人身上。你可以體驗看看。圖表9-1有一張住宅的圖，其中兩個角落各有一條粗黑線，哪條長？哪條短？你以前可能看過類似的圖，我就看過，但還是會被騙，或許你也一樣。

這兩條線其實長度相同，但我們看到的卻非如此。反覆查看，右邊的線看起來就是比較長。會有這樣的錯覺，是因為牆壁和窗戶的輪廓有如側翼，扭曲了我們對距離的感知。右側的牆壁邊緣營造出的背景，欺騙了我們的眼睛，使肉眼看見的長度比實際還長，而左側的窗戶邊緣，會讓我們看見的線顯得較短。儘管大腦知道兩條線一樣長，但肉眼看到的卻不一樣長。

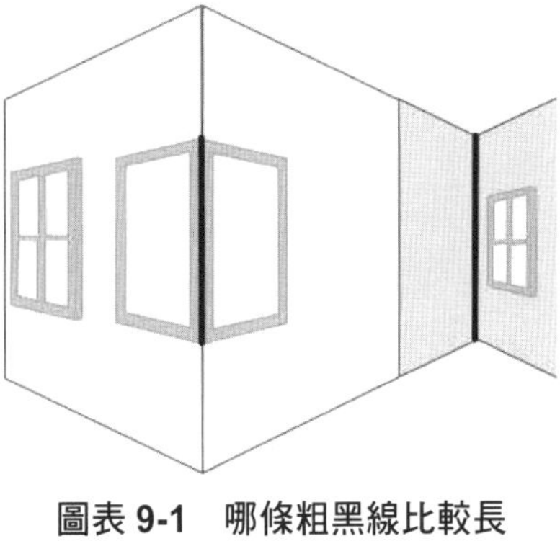

圖表 9-1　哪條粗黑線比較長

在此例和其他類似的例子中，長度變長的視覺錯覺，使我們做出錯誤的判斷，就算明知真相為何，卻還是屢次做出錯誤選擇。

腦神經學者想要了解，感知經驗與抑制衝動能力間的關聯。為此，他們用 fMRI 掃描儀，掃描小孩和成人的大腦，了解大腦裡的哪些區域，會影響小孩和成人判定兩排物體是否數量相同。

即使實際上並非如此，小孩會說：「比較長的那排，物品數量比較多。」成人正確回答：「兩排的數量都一樣。」雖然小孩和成人的反應不同，但雙方的大腦掃描片呈現出非常類似的模式。

大腦中的後頂葉和額葉，可幫助人們察覺形狀，理解多個形狀彼此在空間上的關係。檢視大腦掃描片，發現成人的後頂葉和額葉出現腦部活動，當成人經歷到視覺錯覺時，這些部位會立刻高速運轉，表示成人經歷的視覺錯覺跟小孩一樣。[5]

大腦中的前扣帶皮質，是用來幫助我們不去做自己認為錯誤的事。研究人員也發現，成人的前扣帶皮質，在此時出現腦部活動。成人不會把一排物體的長短和實際數量混為一談，因為大腦會認出眼前的畫面是錯覺，以避免做出本能又錯誤的判斷。

大致上，大腦裡負責抑制意識反應的區域，如：前扣帶皮質，要等到二十五歲才會真正成熟。由此可見，若部分小孩的大腦注意到錯誤，是很令人訝異的結果，表示控制衝動的部位參與其中，他們也比較不會認為長度長代表數量大。[6]

即使成人在克服天生反射的腦神經已經成熟，卻不一定有運用或控制自己的能力。就算明知一心多用的行為有害，還是會一心多用到超過認知極限。某項信用卡債務的研究顯示，人們很難無視當下的衝動。

哥倫比亞大學商學院與聖地牙哥大學經濟部研究人員攜手合作，以尋求報稅協助的波士頓客戶為對象展開研究。[7]研究人員會指示報稅員提供給客戶現金紅利，客戶有兩種選擇：一是當場拿到三十美元，二是等一個月拿到八十美元。再等三十天能多拿五十美元，你願意等嗎？

之後有另一組作為對照，這時客戶要做的決定就更困難：要當天拿到七十美元，還是等一個月後拿八十美元？觀察的重點在於，客戶是否願意為了多拿十美元再等三十天。客戶看到稅務員的支票簿擺在桌子上，知道這些選擇不是在騙人。

這項研究發現很有意義的一點：客戶選擇現金紅利時的偏好，透露出客戶的理財決策。這些偏好可以判定，客戶是著眼於現在還是將來。著眼於現在的客戶，會被當天能拿走的小額現金誘惑，即使這表示以長期來看能獲得的金額較低。而著眼於將來的客戶願意等待，以換得更厚的錢包。

待客戶帶著整理好的報稅文件離開後，研究人員仔細查看每位客戶的財務文件，注意循環信用帳戶的應繳金額，發現著眼現在的客戶背負的卡債較高。與不被馬上收到較小金額吸引的客戶相比，著眼現在的客戶，信用卡應繳金額高出近三〇%。

客戶做出不甚理想的理財決策，著眼於現在似乎是其中的關鍵，並且會影響到未來一年的決策。十二個月後，著眼現在的客戶請報稅員協助他們報稅，他們身上背的債務金額會高於著眼將來的客戶。

用廣角鏡頭凌駕現在偏誤

人們往往傾向於，快速做出可呈現當下想法與偏好的決策，即使我們總是想制定出長期有利於自己的做法，卻仍是無意間損害了這項意圖。這類決策包含：如何管理信用卡、如何花費時間與認知資源來達成工作等。我們不斷選擇當下吸引人的辦法解決問題，例如：今天就能拿到的現金獎賞、一心多用等。遇上這類事件，這些選擇看似是正確的。要克服著眼於現在，並做出對日後更有利的決策，轉變為廣角鏡頭的心態，會有所幫助。

廣角鏡頭可擴展我們注意力的焦點，鼓勵我們考量更多可行的選擇。當我們考量更多的可能性，做出的決定可能會產生更賺錢的結果，讓我們朝重要目標更近一步。

以《二〇〇九年信用卡責任義務披露法》（2009 Credit Card Accountability, Responsibility, and Disclosure Act，簡稱 CARD Act）為例。根據此法案，信用卡公司必

須告知顧客，繳交的金額高低，會帶來何種結果。這條法案目標是協助消費者做出聰明的理財決策，鼓勵人們每月多繳一些錢，降低循環信用餘額。

法案規定對帳單要涵蓋兩個部分：

1. 對帳單必須揭露顧客還清欠款所需的總時間，以及顧客每月只付最低應繳金額會花費的總費用。
2. 對帳單必須列出，在三年內償還全額的前提下，每月應繳多少金額。

這些規定是否讓人在處理債務時做的決策獲得改善？加州大學洛杉磯分校商學院與西北大學的教授試著找出答案，他們給受試者看信用卡對帳單，上面寫著信用卡法要求提供的資訊（前文提到的兩條資訊）。[8]

受試者想像收到對帳單，上面寫著自己的總應繳金額與財務資訊，看見財務估算後，回報他們覺得自己會怎麼應對。受試者說，他們打算支付最低應繳金額的五倍，相當於循環信用餘額的一〇％左右。這種做法在償還債務上或許相當有效率，不過，假如對帳單沒有寫上信用卡法要求的資訊，受試者會支付更多金額。

根據研究顯示，在某些情況下，沒有財務估算的話，人們會支付的金額是最低應繳金額的近二十倍。當然，最低應繳金額會隨著個人帳戶的總應繳金額高低而波動，所以我剛才提到的影響度，也會隨之變動。不過，即使研究人員改變數值，信用卡法規定提供的資訊，實際上還是會導致繳款金額減少。那些規定好像產生了反效果。

信用卡法的規定會產生反效果，是因為財務估算成了有力的參考資料，人們會將估算金額當作是專家建議人們採取的做法。估算的款項金額有如指南針，引領人們決定當月還款金額。

不過，與沒提供估算的情況下，人們選擇繳交的金額相比，看到估算的人繳交金額實際上低了許多。人的決定會反映出現在的考量，也就是說現在繳少一點，會犧牲掉未來有利財務健全的長期好處。

現在依法律規定，對帳單要印上的三年期財務估算，會對個人財務產生有害的影響，有沒有可以清除影響的方法？

研究人員創造廣角鏡頭，視之為應該行得通的做法。他們把信用卡對帳單設計成內含預測，並加上備註。人們會看到一則簡單的聲明，上面寫著他們可以繳交任何金額，小至零元，大至總應繳金額。加上這則簡單的聲明後，帶來了重大的改變。人們放寬視角，將低至高的繳交金額納入考量。人們收到採廣角鏡頭且有更多選擇的對帳單，打算還款的金額，是最低應繳金額的二十倍以上，增加到循環貸款的將近一半金額。

廣角鏡頭景框，把我們從現在導向的焦點中拉出。我們會思考大局，並且更關注長期計畫，花錢、花時間的方式也會受到影響。

我們會有現在要節省時間的衝動，因此就算當下的情況不適合一心多用，還是會繼續選擇這麼做。然而，廣角鏡頭可以破除那種吸引力，引導我們邁向某些需要我們等待的回報，促使我們選擇品質、不選數量，每一刻即使做得更少卻做得更好。若如果選擇是在放寬視野的情況下做的，而不是只看眼前就做選擇，就能為將來創造出更好的計畫。

正確辨別一心多用時刻，才能提高生產力

不過，也要提醒大家。順從當下的渴望，不一定是錯的。在某些情況下，以現在為導向的選擇，也會合乎長期利益。關鍵在於懂得認清這些時刻。

狄瓦斯KC（Diwas KC）是埃默里大學（Emory University）的統計學大師。[9]他調查一心多用如何影響急診室醫師的生產力。急診室醫師必須以最有效的方式，同時照顧多位患者。他花了長達三年時間，與團隊蒐集各種資料，例如：急診室醫師在患者身上花費的時間長度、如何診斷出患者的疾病、患者是否出現併發症並回到醫院。KC想了解若醫師負責的患者數量增加，成效是增加還是減少。一心多用的做法，是否對患者獲得的照護品質，與急診就診效率有影響？

要了解急診室醫師是如何一心多用，並且在何時會一心多用，試想到達醫院後會經歷到的一連串程序。

檢傷分類的護理師會評估患者的身體狀況，將資訊輸入虛擬排隊系統中，我們的電子紀錄會標上顏色，以表示症狀的嚴重程度。有人製作一份實體文件夾，當中記載我們所有的醫療資料。急診室醫師監看電子排隊系統，最嚴重的個案會先看診。

急診室醫師查看電子紀錄、書面紀錄、檢傷分類註記、病史報告，同時會吩咐進行X光照射、抽血等診斷檢查，然後向神經外科醫師、心臟內科醫師等人詢問專業意見。除了要查看檢驗室送來的檢查結果，急診室醫師也會親自問診、檢查患者的身體，並與在場的親友溝通。在等待專科醫師的加入，或檢驗室完成工作的時間，急診室醫師就能利用這個空檔一心多用。

若某一位患者的診斷與療程仍有待判定，還不確定是否可以出院。這時，醫師應該看下一位患者？還是該專心照顧這一位患者，免得接了新病例就導致認知混淆？醫師一心多用是否對患者比較好？

ＫＣ教授追蹤該間醫院的急診室醫師，從三年間處理過的十四萬五千多位患者的經驗中，發現醫師在等待的空檔一心多用，既有好處也有壞處。

首先，若醫師負責的患者人數極少，在這樣的情況下一心多用，患者出院的速度會比較快。醫師運用等待檢驗結果的時間，接下新患者或照顧已在等待的患者，就整體病例數的評估及診斷過程來說，一心多用可加快速度。當醫師必須付出更多的時間與心理資源時，就會加倍努力工作，並加快工作速度。

根據ＫＣ的資料，患者從進入急診室到出院，平均需要約一小時四十分鐘。假設醫師現在要同時看三位患者，此時又有一位患者到院，突然間要同時處理四位患者。你可能會以為每位患者的等待時間會大幅增加，也許會進行以下的計算：一小時四十分鐘除以三位患者，等於每位患者跟醫師面對面的時間是三十三分鐘左右，再增加一位患者，每位患者的要等待的時間，又多了三十三分鐘。

其實不是這樣，因為一心多用很有益，在等待的患者中，多一位患者，反而會提高醫師的工作效率。急診室醫師負責的病例，從三位增加到四位，讓患者出院的速度反而會增加二五％。當出現第四位患者，儘管醫師現在要同時照顧更多患者，但任何一位患者的出院時間，只會比原來增加約七分鐘。

在事情相對簡單的情況下增加工作量，反而可改善效能，畢竟處在低度的壓力中，其實可提高認知功能。當我們體驗到全新、不可預測或超乎掌控的事，身體會分泌皮質醇、腎上腺素、正腎上腺素等荷爾蒙，做好應對壓力的準備。前述的荷爾蒙會影響大腦中與學習和記憶相關的部位，能否發揮功能，像是海馬迴、杏仁核、額葉。一心多用是間接讓前述部位運作，協助我們把工作做得更好。

問題是，一心多用帶來的好處有其極限值。運用一心多用到了某個程度，要付出的心理成本，會超過低度壓力時帶來的好處。對急診室醫師來說，負責的患者人數增長到一定程度，約五位至六位患者，此時以一心多用的做法處理眾多患者，會引發緊繃狀態，反而會造成反效果。

在工作量相當低的時候增加一位患者，會激勵醫師工作更有效率，但是工作量高時多加一位患者，會削弱工作效率。查看病例檔案、記住待決的診斷、回想病患進行了哪些檢查，這些全都要花時間，原本可快速處理完負責的患者，但病例數超過五位的話，處理速度就會大幅降低。醫師的心理頻寬跟不上眼前必須處理的需求。根據數據指出，醫師處理每位患者的速度會慢下六%。同時處理五位患者，患者在急診室待的時間是兩小時左右，當有第六位患者到院，會激增到兩小時四十分鐘。

KC檢視醫師表現，也出現同樣的結果。若醫師負責的患者人數少，新增的到院患者，會導致醫師對每位患者做出的診斷數增加，這是好事，因為診斷數表示症狀正在處理中，患者的問題正在解決中。負責的病例數很低時一心多用，每位患者獲得的照護品質就會改善。然而，負責的患者人數超過臨界點，醫師就應接不暇。一旦患者人數超過四位，醫師對每位患者的診斷數會變少，甚至有患者還沒獲得診斷就離開。若醫師負責的病例數很高，患者也比較會在二十四小時內，再度回到急診室，代表他們可能症狀還沒完全治好就出院。

簡單來說，若醫師一心多用的程度超過了「壓力是動力」的臨界點，那麼醫師讓患者待在醫院的時間會比較久，治療患者也較沒成效。

一心多用會讓認知資源陷入緊繃狀態。有時，壓力會促使我們想得更多、想得更快，並更常切換心理焦點。若我們的心智受到的刺激不足，就會以較緩慢、較沒效率的步調做事。若認知系統的負擔增加，我們會振奮起來，即使要處理的工作量略增，也會有能力做出反應、應對挑戰。不過，還是有臨界點的存在，若試著同時處理太多事情，反而會產生反效果。

大量練習能騰出大腦空間

過度一心多用，會導致認知系統負擔沉重，做不好應對的準備。即使試著打造出「甜蜜點」（sweet spot）的生活方式，追求在認知旨趣與能力間取得平衡，還是會發現自己所處的環境和情況，要求我們以更少的時間做更多的事。若被逼得超越臨界點，要如何大幅提升效能呢？由西班牙腦神經學者組成的研究團隊，找到一種方法可戰勝身心俱疲。[10]

他們在巴西足球選手內馬爾（Neymar da Silva Santos Júnior）練習初階步法時，對他進行測試。內馬爾是世界頂尖的足球選手，在他效力的每個聯賽中，都獲選為年度選手，而且不只一次。二〇一七年，他從巴塞隆納足球隊換到巴黎聖日耳曼足球隊，新球隊以兩億六千兩百萬美元的金額支付解約金，是上次更換球隊提出解約金的兩倍多。新合約承諾支付內馬爾的薪資，將近一百萬美元，而且是週薪。[11]

為了測試內馬爾與經驗數少的運動員，兩者大腦活動是否有差別，研究人員觀看內馬爾在雙腳移動時的大腦情況，和以下選手的大腦活動模式做比較：西班牙足球聯賽乙級聯賽的四位專業足球選手、兩位年齡相仿的西班牙國家級泳將，和一位業餘足球員。

每位運動員輪流躺在 fMRI 掃描儀，跟著節拍器移動雙腳，像是在跑步。研究人員會製作影片，量測運動員移動雙腳的幅度。研究人員之後檢視影片，確保運動員的動作差異，不會造成運動員的大腦活動差異，不管運動員的經驗多寡，在測試條件下，每個人的雙腳都以同樣方式移動。

儘管雙腳的移動方式很相似，但是研究人員發現，內馬爾的大腦活躍度低於其他人，特別是動作皮質中，負責處理腳部動作的部位活躍度較低。換句話說，內馬爾移動雙腳時，所使用的腦神經數量與處理能力，遠低於其他專業足球選手、業餘足球員，甚至是雙腳訓練方式不同的游泳選手。

練習有個特殊的作用，會影響到所有人的大腦。只要持續練習，把正在做的事情，變成習慣或例行公事，就能騰出心理資源用在其他地方。任何一件工作需要的腦力沒那麼多，就能處理更多事情，一心多用帶來的負面後果也隨之減少。

內馬爾在球場上的表現十分出色，但是在他移動雙腳時，大腦活躍度並不高。實際上，很多職業的專家大腦裡負責管理專業技能的部位，活躍度都比較低。

舉例來說，專業鋼琴家在移動手指時，管理運動皮質區的大腦活躍度，低於其餘不是音樂家的人。[12]某些電玩遊戲會東西突然出現在螢幕上、視野周邊，需要快速反應，而請賽車手玩遊戲時，即使是職業一級方程式賽車手，大腦裡負責管理視覺與空間關係的區域，活躍度低於業餘賽車手。[13]專業空氣手槍運動員跟從未參賽的人相比，他們在射擊時的大腦活躍度較低，特別是負責管理視覺、注意力、運動動作的區域。[14]美國女子職業高爾夫協會的會員，跟業餘高爾夫球員相比，在發球前，大腦中負責管理視覺、注意力、運動動作的區域活躍度也比較低。[15]專業打擊樂手跟不太有打鼓經驗的人相比，想像自己打鼓時，大腦裡負責同步處理聽覺與視覺資訊的區域，活躍度比較低。[16]

某天吃午餐時，我詢問我在紐約大學的同事蘇珊·狄克（Suzanne Dikker），她認為前述研究的重點是什麼？我沒有很拐彎抹角的問，就是基於個人好奇心拋出問題。

「過去幾個月我一直在練習，在這段期間，我的大腦到底發生了什麼事？」

「我不知道。」她笑了出來。「我又不是那領域的醫師。」

我沒坐在躺椅上，與她談談我小時候跟母親的關係（我們母女關係很好，只是青春期有幾年不太好，但那要怪我）。我是請她推測我的狀況，這個個案（我）她還沒研究過。儘管如此，她實際給出的專業鑑定，一定不會差到哪裡。

腦神經學者狄克，研究人們在封閉的實驗室外，腦波律動會有什麼變化。狄克向我解釋，專家的大腦並不是比較小，與新手的腦也沒有實體差異。新手的表現要達到專家水準，就必須使用大腦中的更多部位，那些部位就會比熟練的專業人士還更努力運作。有了專業技能，神經效率也會提升，進而騰出認知資源用在別的地方。

因此專家之所以比新手更善用一心多用，有一部分是因為，專家可使用更多腦力來處理眼前的情況。

對我來說，這個結果代表反覆練習困難樂句的重要。如果我努力把這首歌打得很好，那麼最後在表演時，心理上就不會如此費力棘手，而且有了額外獲得的認知資源，能打得更好。不過，要學會專業技能，即使在相當淺的水池裡，也要潛得很深。此時這句老話很適合派上用場：「怎麼做才進得去卡內基音樂廳（Carnegie Hall）呢？練習，練習，再練習。」

於是，距離首度表演鼓技的派對還有兩週，我終於願意承認，應付既有的工作量，還得練習打鼓，實在行不通。在排滿的行程加上練鼓，沒辦法改善演出品質。我知道問題出在哪裡，也曉得解決的辦法。老實說，我其實不喜歡打鼓，因為我沒辦法協調四肢，做出我想做的動作，所以我一直在拖延，明知必須全神貫注努力練習，卻沒做到。然而，練習是唯一的解決辦法。

我做好準備，集中心力，把馬提連同熊玩偶、裝滿食物的便當盒、裝滿水洗顏料的袋子、幾套備用衣物，一起送到祖父母家。下次練習時，我覺得我應該幫他打包手提箱和冷藏箱，畢竟他會待在那裡好一陣子。

我不斷重複播放〈你的愛〉，聽了一遍又一遍，聽到彷彿房間開始在旋轉（不是迪斯可球造成的）。我不只一次以 Cheerios 穀片搭配葡萄酒當晚餐。此時，料理不重要也不是優先事項，認真打鼓才是，我一定要學會這首歌。

我們現在稱之為音樂室的地方，整個夏天都保持在乾燥清新的攝氏二十二度，沒想到竟會讓我汗流浹背。首次集中精神去練習一小時後，我的臉龐發紅、身體黏膩，而望向爵士鼓旁的恆溫器，看到了我的努力（也有可能是揚聲器播放很久的緣故），室溫竟然上升一度！我用一整個下午做到的，真的滿厲害！之後我耳鳴了好幾個小時，不過感覺卻很好，也有實質的進展。之前害我一直狼狽不堪的節奏，還有好幾個月一直努力做到協調的動作，終於表現得流暢，並且不是因為湊巧。

我沒辦法讓腦神經學者，對我練鼓時的大腦狀態進行研究，他們也許也知道我還沒做好上場表演的準備。不過，我有預感，當天我的大腦肯定好好鍛鍊一番了。我不是專家，也不會有人叫我去外野樂團的合體巡迴演唱會當伴奏（目前是不會啦）。但現在我的大腦肯定比以前表現得好一點，一心多用能力肯定也往上升了一級。

第10章

站在贏家視角，任何難關迎刃而解

表演當天，我一起床就在馬提的床上看到一團嘔吐物，馬提吐掉了前一晚的晚餐。他堅持要吃那半顆西瓜，害他吐了一床。每一件東西都急需清洗，馬提也需要洗澡。一早的意外花了九十分鐘處理，幾乎快用光我的專注力，我原本想要用在技術工作上，畢竟我沒有工作人員幫忙。

都是早上的兵荒馬亂，害得我直到拆開親自印製的紀念T恤後，才發現圖案印反了。T恤上的圖案，是我的臉和握著鼓棒的雙手，運用斑駁的藍色調來印製。這場表演的標語「做好一件事：僅此一曲的演出」（Pony Up: The One-Trick Tour）穩固黏貼在布幔上，在掃描字樣時，不能按照英文書寫順序由左至右掃描，必須由右至左掃描，不然就會是相反的字。

我連忙用家用熱轉印紙機器製作T恤，雖然成品的品質肯定不會太好，但跟原本的相比，至少更加清晰易懂，不需要鏡子的轉向。

剛從家用熱轉印機印出的T恤還有點溫熱，我連忙摺好T恤，方便持票者翻看，並把字樣印反的T恤也放入其中，或許反向的圖像也會吸引到對它感興趣的人。整場演出有點像愛麗絲鏡中奇遇，從T恤上印出的臉孔、鼓棒和字序相反的名言，就可以體會到。

我還印製了CD殼，並寫上說明文字，以及這場演出的相關圖像和題句。我故意沒有在放光碟的那面裝上CD，只放了一張小牌子，寫著「請買家自行提供喜歡的音樂CD」。我覺得不在塑膠殼裡面放進我錄好的CD，銷路肯定會比較好。

我在冷藏箱裡裝滿葡萄酒和啤酒，酒瓶的標籤印上我的巡迴演出標誌。有幾張不同的表演海報，上面寫著我會跟外野樂團共同演出，因為我會跟著他們的歌一起演奏。我預料演出後觀眾會感到熱血沸騰，就事先在一些海報上簽了名。

好戲即將上場，我關上音樂室裡所有的燈，打開迪斯可球的電源，並在賣紀念品的桌子附近地板上，設置輔助的球形燈具。正式開始前，我檢查鼓棒，看看上次的排練有沒有把鼓棒弄裂。幸好沒有，我才沒那麼有力呢！但鼓棒裂掉是遲早的事。

進場時間到了，人群湧入，十幾個人爭著大型沙發上的座位。

我坐在鼓椅上。看到馬提的朋友莎拉（Sarah），一再確認自己的頭戴式耳機是否順利運作，並且好好地坐在最前面的位置。

我開啟立體音響的電源，挑出我準備好的歌，按下播放鍵。

我覺得自己做了個聰明卻莽撞的選擇，我選的歌，前奏由吉他手和主唱負責，鼓手在一分鐘後才加入演奏。當時我選這首歌，想說整首歌只有四分鐘，有一分鐘的前奏都在等待，要學的分量就少了二五％，現在看來卻很尷尬。我坐在鼓後方跟觀眾大眼瞪小眼，我那太過誠實的媽媽，向來很慈愛，但更多時候是評論者，在表演後急著對我說：「我以為妳慌到動不了。」立體聲音響已大聲播放歌曲，我沒辦法說笑話來掩飾窘迫感，而且我的打擊技能勝於幽默感。

馬上就輪到我演奏了。我在弱起的第四拍敲打小鼓，在碎音鈸用力打出第一拍強拍，開始敲打著基本搖滾節奏。我打得超順！

我在八分音符間的弱拍開闔腳踏鈸，看到彼得露出微笑，我得意地朝他眨眼，我的手腳協調地做好該做的動作，大腦也沒有亂成一團。我在間奏表演過門，更加熱烈地踩踏大鼓踏板。人生中第一次的中鼓滾奏，就撼動了全場人群。

這場活動同步在網路上直播，各國都看得到，我的妹妹住在加拿大，她也透過網路觀看這場演出。她是專業的音樂家與教授，雖然她在幾小時前才剛從泰國飛回加拿大，還忙著對抗食物中毒，但我知道她一定在用細心又挑剔的態度，聆聽著我的演出。她跟隨著小鼓的切分節奏點頭，前一週我花了大約四小時努力將這個段落練到完美。

我錄下這場表演傳給鼓手堂弟，他聽了我的演出後，對我說：「我吃完晚餐後，會邊洗全家的碗盤邊聽這首歌。」我很想自認是因為我的表演，讓他愛上這首歌。

在表演時，我像咕咕鐘裡的鳥那樣，在腦中算著拍子，當我沒在算拍子的時候，環顧周遭的人們，我看見爸爸突然拿出手機，點開螢幕，舉到頭頂上揮動。我很想知道他是準備要喊安可，還是要照亮走出去的路？我還看見彼得在教馬提豎起大拇指，但馬提沒辦法協調手指，拇指和食指同時伸出，像是在模仿手槍。我不清楚彼得和馬提的用意，也許意思是：「妳乾脆一槍斃了我。」老實說，我覺得應該不是，畢竟我打得超棒！

到了歌曲的第三段，我將落地鼓打得精準，用落地中鼓和小鼓，火速地交錯打出十六分音符和八分音符，然後鼓棒落在碎音鈸上，開啟最後一段副歌。

我節奏穩定地擊打定音鈸，同時每隔一拍擊打碎音鈸，最後不小心錯過了某個反拍的切分音，幸好半數的聽眾都在跳舞，沒留意到。我擊打碎音鈸，盡全力展現出搖滾。最後我以小巧的水鈸做結，激起聽眾的興奮感。還將鼓棒朝空中丟，轉了三百六十度後落回我的手中，很有搖滾明星的風格，大家鼓掌喝采。我還準備好另一首歌，若有必要會播放出來，以彌補我的不足之處。

聽眾站起來，走向賣紀念品的桌子，我將印反的T恤分開擺放，兩款T恤聽眾都可以拿。竟然沒人注意到印刷字樣反常，我非常訝異。其實，有一位粉絲（如果我能稱她為粉絲的話）拿了印反的T恤，說要帶回家紀念。在她眼中，那件T恤既當代又前衛，而其他還沒發誓效忠我們友誼的人們，可能比較不會有這種視覺經驗。

聽眾們紛紛喊著「安可」，不過，我想他們肯定沒看到海報上面印的小字「One-trick tour」。每個當爸媽的，或是只生一胎的朋友，聽到我問要不要再生，都會對我說：「不了，一個就好，收工了。」這句話就是這個意思。

我從打鼓的小人物變成一曲明星，在這段自我發現的過程中，我學到許多寶貴的教訓，其中之一是，發現自己不適合做網版印刷，T恤上的慘敗就是證明。不過這也告訴了我，個人所見不等於他人所見，我們的角度獨一無二，而角度的延展性，就是任何機會的源頭。我們的眼睛可能沒看見眼前事件實際的樣貌，但我們可以利用不同角度看這件事，用最有利於自身志向的角度去看世界。

四大策略改善心理健康

人類有個心理機制，社會心理學者稱為「心理免疫系統」。人體有方法對抗細菌和病毒改善生理健康，心智也有辦法維持及改善心理健康。

根特大學研究人員曾經進行研究，訪談近四百位參加某電視節目試鏡的比利時歌手，要是有機會上電視，職業生涯可就此起飛。[1]

在試鏡前一週，研究人員問參賽者：「試鏡沒通過的話，會有什麼感覺。」多數參賽者都預期自己會覺得不快樂。對大部分的參賽者來說，沒進到下一輪比賽，代表明星夢隨即破滅。當試鏡結束後兩天，研究人員進行後續追蹤，詢問參賽者的近況，那些預測自己會心碎的參賽者，這時卻覺得沒什麼了，他們沒有自己原本預期的痛苦。

同樣的情況，也出現在以下的例子。[2]兒童收到的獎品，只有一張貼紙，而不是兩張。失去工作、受過創傷、目睹慘案的人，雖然會產生預期的失望感，卻也懷著老練的正面態度，這些案例都告訴我們，人在不自覺中，能體驗到自己沒料到的韌性。

報告顯示，不幸者的正向心理狀態，反而使旁觀不幸者人生的我們，感到不知所措。我們心想：你好努力卻輸了、你放棄了好多。我們以為他們會覺得氣餒，他們自己也這樣認為。可是現實是他們並沒有氣餒。

這是心理免疫系統防護力發揮作用的結果，人生的不幸遭遇所造成的重大打擊，程度不如預期般嚴重。認知系統將人生重新料理成令人印象深刻的佳餚，人生給了顆酸溜溜的檸檬，認知系統卻能做出意外好喝的檸檬汽水。

我進行了一項調查，事先告知受訪者，當地某間組織，正在進行用於國家癌症研究的慈善募款活動，詢問受訪者，他們覺得自己會不會資助。[3]受訪者中十人有八人說：「當然。慷慨是身而為人的重要特質。」計畫需要化為明確的行為，人們當然很難預知日常生活中會出現哪些問題，妨礙他們進行計畫。我從先前訪談的受訪者挑出一些人，了解實際的捐款狀況，結果發現十人中只有三人打開錢包捐款。顯示內心的好意不一定會化為實質行動。不過，我們會設法隱藏這個事實，最主要的目的也許是不讓自己發現。

以下的案例，也可以證明心理免疫系統會幫助我們。在另一項調查，我在某場慈善活動結束後，訪問受訪者是否有用某種方式做公益。由於這場活動進行的時間較長，需要的金額也較高，因此支持率低於之前調查的活動。每一百人中只有六人表示他們已提供協助，這個百分比跟當地媒體報導的數據一致。受訪者誠實告訴我，即使他們發現很值得資助這個慈善組織，實際上卻沒有做出他們認為是正確的行動。一個月後，我再次詢問受訪者是否已資助該活動，有更多人表示自己已資助。受訪者記錯了內心的計畫，雖然表示自己已經資助，但其實這些只是他們內心的期望。要是自己沒按照內心的期望去行動，很有可能損及對自己感覺。

我們保護自己的其中一種方法，就是會站在更有利的角度記住過去。大腦會為我們過去的行為，精心製作摘要，有如一個個白色謊言，讓我們對自己做過的事，或沒做的事有更好的感受。但這種保護方式，在其他方面可能會產生反效果。我們必須準確回想自身的成就與缺點，才能獲得真正的成長和進展。

為了確實重塑我們觀看世界的角度，在本書中，我提出四大策略：**縮小焦點**、**具體化**、**景框和廣角鏡頭**。這些策略各有不同作用，熟知四大策略就能做好更充分的準備，在人生的重大難關碰到障礙，也能因此迎刃而解。

在許多的難關，我們必須克服大腦出現的防衛傾向，它會造成非預期後果。我們努力以正向關懷看待自己、看待周遭、看待個人前景，有時專注於強項、不理會弱點，能為自己帶來動力，有時卻有削弱的效果。

我們的所見多半可用於預測選擇，因此決定將注意力集中在哪裡，會影響到我們日常行動。若想尋求鼓勵，那就要接觸鼓舞的源頭。哪些人和事可以表達支持，或達成我們內心的想法，就引導視覺景框到那裡，營造出有利於自己的局面。設計自己想要待的空間，納入合乎目標的視覺火花，就能幫助自己做出更佳的決策。同理，如果在景框內框出誘惑，即使前景有所成就，也會變得岌岌可危，就像把禁果放在流理台上的碗中，出門前肯定會順手拿一顆、咬一口。

縮小焦點會扭曲現實，卻也讓人有心力做出實質改變。將目光放在遙遠的目的地，就會產生越來越接近的錯覺，讓某件頗具挑戰性的事情，感覺距離更近、更有機會達成，以前看起來難以克服的事情，現在卻覺得做得到。這時我們就會努力一試。

若關注成功而忽略失敗，對自身真正的現況會有不準確的理解，進展也會因此受挫。知道自己什麼時候是成功的，什麼時候是不足的，便可從中獲得氣力與收穫。

追蹤自己的選擇，並記錄下自己的勝利與痛苦，具體呈現自己的進展，避免心理免疫系統破壞真實的面貌。當我們可以誠實面對自己，就能有效推動自己朝目標邁進。具體化能幫助自己對過失負起責任。

具體化也提供了慶祝勝利的機會，我們原本可能不會有那麼多的勝利，因為具體化，我們製作明確又清楚的視覺圖像，描繪出自己將來的所在，並且列出具體的行動計畫，以負責的方式設立目標。至於在邁向終點的路上有多少進展，可運用自己往往缺少的清晰感進行追蹤。具體化也可以幫助人們擺脫帶有偏見的記憶，這些記憶會誤導人，以為自己所做的選擇比實際更符合目標，就像我訪問的人們，以為自己有付出時間、才能或金錢給慈善機構，實際上卻沒這回事。

沒有人會喜歡感冒引發的症狀，至少我這輩子沒有碰過這種人。發燒會流汗，代表有更多髒衣服要洗。流鼻水表示要一直補充家中的面紙。咳嗽會讓你不好意思去看電影或歌劇。我們總是使用各種藥水，設法掩飾感冒症狀，其實我們盡可能避免的小毛病，全都是復原的指標。

有時我們做出的選擇或決定，會讓自己不好受，心理免疫系統就會設法減輕選擇或決定造成的影響。[4]例如：在減重期間，放縱自己吃喝高熱量飲食，會產生罪惡感，或支出金額超過預算會引發壓力，我們有若干方法可以克服這些不適感。即使負面反應會引起不適，但只要讓自己去感受，就能激發自己採取行動。對於自己感到懊悔的判斷失誤，不該全都忘掉，而是要好好記住，促使在將來做得更好。

廣角鏡頭便是可以幫助我們做到這點的策略。站在一段距離外，以更廣的視角觀看人生，更能做好準備，並找出個人的行為模式。只要能認清自己所做的選擇，而不是只看見自己想看的，就能用更理想的方式拼起人生的拼圖。

有了廣角鏡頭，我們能找出觸發選擇的因子，無論對結果是否有幫助，都能找得出來。也更能認清自己的選擇對結果的影響，避免做出對短期有利，在未來卻會後悔的決定。

廣角鏡頭還能讓我們開放胸襟，明白有很多選擇可以完成目標或工作，知道有許多途徑可通往目的地，感知到可能性的存在。在人生的賽道上，廣角鏡頭推動著我們離開起跑架，但如果跑錯了需改向、改道，廣角鏡頭也可以減少挫折感。當我們握有更多選擇，就能經由廣角鏡頭看見其他往前的途徑。

我的演奏結束之際，我讓燈光保持昏暗，讓迪斯可球繼續旋轉。我不希望粉絲感到暈眩，但若他們覺得有點疲累，我希望他們會認為是氣氛使然，不是演出所致。

最後，人群逐漸散去，我注意到紀念品桌的CD殼已經沒了，我並不知道是什麼原因，畢竟現在這個時代，也沒人直接用光碟聽音樂。盧（譯音）拿了一張海報，但他忘在我們家了。準備好的幾件T恤也被拿完了，也許是因為我在袖子上夾了五美元。

我對自己、對個人成就很引以為榮。這件事花的時間，比我想像中還要長。在這期間，我的興致有高有低，並時而感到消沉，直到練習有了回報，讓鼓聲變得沒那麼痛苦，感覺才逐漸好轉。有時候煩躁感油然而生，我當然想變得很酷啊！全職工作、養育嬰兒（如今已是學步幼兒）、學習打鼓，還要據此寫一本書，這些全都是我自己給自己的壓力，但我卻承受不起。

然而我沒有放棄，我將這本書中建議的手法，應用在自己的冒險上，激勵自己，也發現這些手法頗有成效。當然，某個行得通的做法，可能隔天就沒那麼有效。對於阻礙進展的困擾，沒有立即見效的方法，也沒有簡單又一針見效的解決辦法，但那就是人生的現實面。能為自己帶來喜悅的事物，往往需要付出實質的努力才能得到。

辛苦到最後，我達成目標。假如有樂團要翻唱外野樂團的歌，我也在場，這時，他們的鼓手不克前來，那我就能頂替上場了。

下次我去聽彼得的樂團演奏，站在我旁邊的人發現我是他的妻子（可能是因為我穿的T恤印有彼得的臉，他也穿了一件一樣的），問起我是做什麼的，我也能理直氣壯說：「我也是打鼓的。」

謝詞

事後想來，我深刻體會到，這本書能夠誕生，背後有許多人擔起重責大任，實在感激不盡。

謝謝經紀人理查．派恩（Richard Pine）與印刻威管理公司（Inkwell Management）團隊，他們接納了我的想法，讓這本有如幼雛般的書，有了一對翅膀，還耐心看著它度過幾年尷尬的青春期，逐漸成長茁壯，最終離巢翱翔。

謝謝瑪妮．柯克蘭（Marnie Cochran），她的編輯風格比日本主廚的刀還要銳利，具備的ＥＱ更是能明確呈現出各種意見，並憑藉這兩點能力，將我收集的軼事策畫並發表出，她的創作能力是我在工作上所樂見的。

感謝巴蘭坦圖書（Ballantine Books）團隊，特別是羅倫斯．克勞澤（Lawrence Krauser），讓我的聲音變得更清晰、更快完稿，成品比原本的還要好。

在路途顯現以前，會先有意願存在。寫這本書是友人推動的。謝謝同事亞當．歐特（Adam Alter），他說服了我寫書，他說：「這趟旅程會很有趣。」在他寫完第一本書，還沒進行第二本書時和我說的，我猜他應該是忘記努力趕截稿日的壓力了。大多數的日子就如同他所說的，每當我在路途上跌跌撞撞，不論經歷何種階段，他都會親切分享他的知識、經驗，並給我支持。

謝謝同行的社會心理學者莉茲．唐恩（Liz Dunn），她不在意我對衝浪一竅不通，還是願意教我，而對於如何從寫作和其他方面大幅提升快樂感，也不吝於提出建言。

我身為科學家所接受的訓練，就是找出個體的人生經歷有何前因後果。然而，我受過一流的教育，之所以能成就今日的我，多半是憑藉偶然與機運，找到不吝教導的良師益友。

謝謝我念博士時的指導教授大衛．達寧（David Dunning），在研究心智對視覺經驗的影響，我們共同發現第一個證據，一起興奮歡呼。

謝謝大學導師瑞克．米勒（Rick Miller），他很早就跟我說，在我們的職業上，有機會可發揮創意與知識自由，不然我可能很晚才會知道這件事。

謝謝大衛．納伯（David Nabb），他選擇邁爾斯．戴維斯（Miles Davis）的《即興精釀》（*Bitches Brew*）當成他教養孩子的原聲帶，是他讓我學到只要突破慣例，音樂與育兒就會變得更有趣。

謝謝我首批博班學生和終生摯友夏娜・柯爾（Shana Cole）、葉兒・葛蘭納（Yael Granot），在我剛任職教授時，她們與我有如陰與陽。

謝謝二〇一六年的TEDx紐約團隊，包括何秋香（譯音，Thu-Huong Ha）、亞當・克魯普尼（Adam Kroopnick）、大衛・韋伯（David Webber），他們協助我找到自己的聲音。

這本書中，有些故事是我自己的故事，但多數都不是。謝謝許多人跟我分享他們的迷人經驗，我的敘事因為他們的故事更顯豐富，非常感激他們的贈與。還要謝謝許多學生選擇把我納入他們的校園生活與教育階段，這些科學過程如果少了他們的合作，就不會有這麼多的發現。

本書的目標之一，就是讓大眾認知到，人類的眼睛也許有著我們所不知的力量與啟示。即使如此，家人的支持永遠是我最大的動力，而我不會無視這件事。

謝謝母親南西・芭絲苔（Nancy Balcetis），她是公立學校教師，終生志業就是幫助所有小孩，無論人生起點如何，都要勇於訴說自己的故事，並且有能力去讀別人的故事。母親也積極培養我對書籍的熱愛，我的近視，書扮演著重要的角色，小時候有好幾個夜晚，我藉著夜燈看書看到超過睡覺時間。而且在我懂得正確運用動詞變化前，母親就幫助我探索寫作風格。

謝謝父親麥特・芭絲苔（Mat Balcetis），他的職業是治療師，但在我的眼中，他是我的第一位音樂老師。他每週接送我去上課，在週末都會看我的比賽，為我大聲歡呼，他在我人生中的所有事情都是如此，至今依舊不改初衷。

謝謝妹妹艾莉森・芭絲苔（Allison Balcetis），她每週都會跟我一起演奏，直到我們在不同國家上大學才分開，但只是地理上分隔兩地。

謝謝妹夫達斯汀・葛魯（Dustin Grue），他在修辭和文章結構上給予許多指點，讓我彷彿懂得在倒水泥時，把鋼筋放置在適合的位置上，能把細心挑選的例子放在適合的段落。

謝謝丈夫彼得・柯里根（Peter Corrigan）對我抱持著信任與信心，在我們都還不知道書中會寫些什麼時，他就已全權委託，允許我們的日常生活藉由書籍傳達出去。還有一點，儘管我眼睛底下老掛著黑眼圈，但我還是很開心，我們攜手踏上親職之路。在這輩子我做過的所有事情中，照顧馬修・柯里根（Matthew Corrigan）和寫這本書最困難。我打算要寫書時，第一個跟馬提講，寫完書以後，我跟他一起吃冰淇淋慶祝。他總是用微笑表示贊同。希望有一天等馬提知道「引以為榮」是什麼意思後，等他釋懷我提及他嬰兒時期的事，他會覺得身為我的兒子很驕傲。能成為他的媽媽，我感到相當引以為榮又感激不盡。

參考文獻

第1章

1. Pascual-Leone, A., and Hamilton, R. (2001). "The metamodal organization of the brain," *Progress in Brain Research* 134, 1–19.
2. Ohla, K., Busch, N. A., and Lundström, J. N. (2012). "Time for taste—A review of the early cerebral processing of gustatory perception," *Chemosensory Perception* 5, 87–99.
3. Pizzagalli, D., Regard, M., and Lehmann, D. (1999). "Rapid emotional face processing in the human right and left brain hemispheres: An ERP study," *NeuroReport* 10, 2691–98.
4. Fischer, G. H. (1968). "Ambiguity of form: Old and new," *Attention, Perception, & Psychophysics* 4, 189–92. 如需更多視覺錯覺例子，請見 Seckel, A. (2009). *Optical Illusions*. Buffalo, NY: Firefly Books.
5. Trainor, L., Marie, C., Gerry, D., and Whiskin, E. (2012). "Becoming musically enculturated: Effects of music class for infants on brain and behavior," *Annals of the New York Academy of Sciences* 1251, 129–38.
6. Kirschner, S., and Tomasello, M. (2010). "Joint music making promotes prosocial behavior in 4-year-old

children," *Evolution and Human Behavior* 31, 354–64.

7. NPR/PBS NewsHour/ Marist poll, November through December 4, 2018, maristpoll .marist.edu/wp-content/uploads/2018/12/NPR_PBS-NewsHour_Marist-Poll_USA-NOS-and-Tables_New-Years-Resolutions_1812061019-1.pdf#page=3.
8. American Psychological Association (2012). "What Americans think of willpower: A survey of perception of willpower and its role in achieving lifestyle and behavior-change goals," www.apa.org/helpcenter/stress-willpower.pdf.
9. 如需進一步了解意志力，請見 Baumeister, R. F., and Tierney, J. (2012). *Willpower: Rediscovering the Greatest Human Strength*. New York: Penguin Books.
10. Erskine, J. A. K. (2008). "Resistance can be futile: Investigating behavioural rebound," *Appetite* 50, 415–21.
11. Clarkson, J. J., Hirt, E. R., Jia, L., and Alexander, M. B. (2010). "When perception is more than reality: The effects of perceived versus actual resource depletion on self-regulatory behavior," *Journal of Personality and Social Psychology* 98, 29–46.
12. Shea, A. (April 8, 2011). "Glass artist Dale Chihuly seduces eyes, and blows minds, at the MFA," WBUR News, www.wbur.org/news/2011/04/08/chihuly-profile.

第 2 章

1. 如需進一步了解 3M 的新產品活力指數，請見 www.cnbc.com/id/100801531。
2. Just, M. A., Keller, T. A., and Cynkar, J. (2008). "A decrease in brain activation associated with driving

when listening to someone speak," *Brain Research* 1205, 70–80.

3. 我從來沒想過自己會去查詢專利權，但為了佩茲伐的鏡頭，我去查了，手繪很迷人，請見此處：US Grant US2500046 A, Willy Schade, "Petzval-type photographic objective," assigned to Eastman Kodak Co., published March 7, 1950.

4. 如需進一步了解普羅文扎諾在紅牛隊從事的冒險活動，請見此處：www.redbull.com/us-en/athlete/jeffrey-provenzano。

5. Bisharat, A. (July 29, 2016). "This man jumped out of a plane with no parachute," *National Geographic,* www.nationalgeographic.com/adventure/features/skydiver-luke-aikins-freefalls-without-parachute; Astor, M. (July 30, 2016). "Skydiver survives jump from 25,000 feet, and without a parachute," *The New York Times,* www.nytimes.com/2016/07/31/us/skydiver-luke-aikins-without-parachute.html.

6. 如需進一步了解薩謬森和其他女性運動員的故事，請見 Edelson, P. (2002). *A to Z of American Women in Sports.* New York: Facts on File.

7. Longman, J. (October 9, 2010). "Samuelson is still finding the symmetry in 26.2 miles," *The New York Times,* www.nytimes.com/2010/10/10/sports/10marathon.html; Macur, J. (November 6, 2006). "In under three hours, Armstrong learns anew about pain and racing," *The New York Times,* www.nytimes.com/2006/11/06/sports/sportsspecial/06armstrong.html.

8. Sugovic, M., Turk, P., and Witt, J. K. (2016). "Perceived distance and obesity: It's what you weigh, not what you think," *Acta Psychologica* 165, 1–8; Sugovic, M., and Witt, J. K. (2013). "An older view of distance perception: Older adults perceive walkable extents as farther," *Experimental Brain Research* 226, 383–91.

9. Proffitt, D. R., Bhalla, M., Gossweiler, R., and Midgett, J. (1995). “Perceiving geographical slant,” *Psychonomic Bulletin & Review* 2, 409–28.

10. 類似結果請見 Cole, S., Balcetis, E., and Zhang, S. (2013). “Visual perception and regulatory conflict: Motivation and physiology influence distance perception,” *Journal of Experimental Psychology: General,* 142, 18–22.

11. Cole, S., Riccio, M., and Balcetis, E. (2014). “Focused and fired up: Narrowed attention produces perceived proximity and increases goal-relevant action,” *Motivation and Emotion,* 38, 815–22.

12. Robinson, R. (September 16, 2018). “Eliud Kipchoge crushes marathon world record at Berlin Marathon.” *Runner's World,* www.runnersworld.com/news/a23244541/berlin-marathon-world-record.

13. Board of Governors of the Federal Reserve System (2018). “Report on the economic wellbeing of U.S. households in 2017–2018,” www.federalreserve.gov/publications/2018-economic-well-being-of-us-households-in-2017-retirement.htm.

14. VanDerhai, J. (2019). “How retirement readiness varies by gender and family status: A retirement savings shortfall assessment of gen Xers,” *Employee Benefit Research Institute* 471, 1–19.

15. Fontinelle, A. (October 3, 2018). “Saving for retirement in your 20s: Doing the math.” *Mass Mutual Blog,* blog.massmutual.com/post/saving-for-retirement-in-your-20s-doing-the-math.

16. Hershfield, H. E., Goldstein, D. G., Sharpe, W. F., Fox, J., Yeykelis, L., Carstensen, L. L., and Bailenson, J. N. (2011). “Increasing saving behavior thorugh ageprogressed renderings of the future self,” *Journal of Marketing Research* 48, 23–37.

17. Van Gelder, J-L., Luciano,E. C., Kranenbarg, W. E., and Hershfield, H. E. (2015). “Friends with my future self: Longitudinal vividness intervention reduces delinquency,” *Criminology* 53, 158–79.

18. Hershfield, H. E., Cohen, T. R., and Thompson, L. (2012). “Short horizons and tempting situations: Lack of continuity to our future selves leads to unethical decision making and behavior,” *Organizational Behavior and Human Decision Processes* 117, 298–310.

19. Ibid.

20. PBS 製作公民權運動紀錄片系列，於一九八七年播放，紀錄片名稱《緊盯獎賞不放》（*Eyes on the Prize*）是懷恩的同名歌曲，是每集的片頭曲。

第3章

1. Byrne, R. (2006). *The Secret*. New York: Atria Books/Beyond Words.

2. *O, The Oprah Magazine* cover (December 2009).

3. TD Bank (2016). “Visualizing goals influences financial health and happiness, study finds,” newscenter.td.com/us/en/news/2016/visualizing-goals-influences-financial-health-and-happiness-study-finds.

4. Kappes, H. B., and Oettingen, G. (2011). “Positive fantasies about idealized futures sap energy,” *Journal of Experimental Social Psychology* 47, 719–29.

5. Pham, L. B., and Taylor, S. E. (1999). “From thought to action: Effects of processversus outcome-based mental simulations on performance,” *Personality and Social Psychology Bulletin* 25, 250.

6. Center for Responsive Politics (October 22, 2008). “U.S. election will cost $5.3 billion, Center for

Responsive Politics predicts," OpenSecrets.org, www.opensecrets.org/news/2008/10/us-election-will-cost-53-billi.

7. Rogers, T., and Nickerson, D. (2010). "Do you have a voting plan? Implementation intentions, voter turnout, and organic plan making," *Psychological Science* 21, 194–99.

8. Morgan, J. (March 30, 2015). "Why failure is the best competitive advantage," *Forbes*, www.forbes.com/sites/jacobmorgan/2015/03/30/why-failure-is-the-best-competitive-advantage/#2e4f52e959df.

9. Kaufman, P. D., ed. (2005). *Poor Charlie's Almanack: The Wit and Wisdom of Charles T. Munger*. Infinite Dreams Publishing.

10. Crouse, K. (August 16, 2008). "Phelps's epic journey ends in perfection," *The New York Times,* www.nytimes.com/2008/08/17/sports/olympics/17swim.html; Crumpacker, J. (August 13, 2008). "There he goes again: More gold for Phelps," *SFGate,* www.sfgate.com/sports/article/There-he-goes-again-more-gold-for-Phelps-3273623.php.

11. Fishbach, A., and Hofmann, W. (2015). "Nudging self-control: A smartphone intervention of temptation anticipation and goal resolution improves everyday goal progress," *Motivation Science* 1, 137–50.

12. Gallo, I. S., Keil, A., McCulloch, K. C., Rockstroh, B., and Gollwitzer, P. M. (2009). "Strategic automation of emotion regulation," *Journal of Personality and Social Psychology* 96, 11–31.

13. Mann, T. J., Tomiyama, A. J., Westling, E., Lew, A.-M., Samuels, B., and Chatman, J. (2007). "Medicare's search for effective obesity treatments: Diets are not the answer," *American Psychologist* 62, 220–33.

14. 預先想像失敗的情況如何有利減重，詳情請見 Henneke, M., and Freund, A. M. (2014). "Identifying success on the process level reduces negative effects of prior weight loss on subsequent weight loss during a low-calorie diet," *Applied Psychology Health and Well Being* 6, 48–66.

第 4 章

1. 葛萊美獎提名專輯《預知菜鳥記事》（*Bird Songs*）是 Joe Lovano 第二十二張專輯，Francisco Mela、Esperanza Spalding、James Weidman、Otis Brown III 共同演出，二〇一一年 Blue Note 發行。
2. Hollis, J. F., et al., for the Weight Loss Maintenance Trial Research Group (2008). "Weight loss during the intensive intervention phase of the weight-loss maintenance trial," *American Journal of Preventive Medicine* 35, 118–26.
3. Olson, P. (February 4, 2015). "Under Armour buys health-tracking app MyFitnessPal for $475 Million," *Forbes,* www.forbes.com/sites/parmyolson/2015/02/04/myfitnesspal-acquisition-under-armour/#352145e46935.
4. 如需進一步了解納森・德沃的跑步職涯，請見《紐約時報》相關報導：*New York Times* article "How to run across the country faster than anyone" (October 26, 2019), www.nytimes.com/2016/10/26/well/move/how-to-run-across-the-country-faster-than-anyone.html。
5. U.S. Courts (March 7, 2018). "Just the facts: Consumer bankruptcy filings, 2006–2017," www.uscourts.gov/news/2018/03/07/just-facts-consumer-bankruptcy-filings-2006-2017#table1.
6. Center for Microeconomic Data (November 2018). "Quarterly report on household debt and credit," www.newyorkfed.org/medialibrary/interactives/householdcredit/data/pdf/HHDC_2018Q3.pdf.

7. Ibid.

8. ValuePenguin (March 2019). "Average credit card debt in America," www.valuepenguin.com/average-credit-card-debt.

9. 艾瑞利訪談詳情，請見 www.nytimes.com/2016/04/13/technology/personaltech/googles-calendar-now-finds-spare-time-and-fills-it-up.html。

10. Ariely, D., and Wertenbroch, K. (2002). "Procrastination, deadlines, and performance: Self-control by precommitment," *Psychological Science* 13, 219–24.

11. Kruger, J., and Evans, M. (2004). "If you don't want to be late, enumerate: Unpacking reduces the planning fallacy," *Journal of Experimental Social Psychology* 40, 586– 98.

12. Buehler, R., Griffin, D., and MacDonald, H. (1997). "The role of motivated reasoning in optimistic time predictions," *Personality and Social Psychology Bulletin* 23, 238–47.

13. Koehler, D. J., White, R. J., and John, L. K. (2011). "Good intentions, optimistic selfpredictions, and missed opportunities," *Social Psychological and Personality Science* 2, 90–96.

第5章

1. Lupi, G., and Posavec, S. (2016). *Dear Data.* New York: Princeton Architectural Press. 線上觀看盧琵與波薩維克的明信片，請至 www.moma.org/artists/67122。

2. 參議院保存零食桌紀錄，詳情請見：www.senate.gov/artandhistory/art/special/Desks/hdetail.cfm?id=1。

3. Roubein, R., and *National Journal* (June 1, 2015). "How senators pick their seats: Power, friends and proximity to chocolate," *The Atlantic,* www.theatlantic.com/politics/archive/2015/06/how-senators-pick-their-seats-power-friends-and-proximity-to-chocolate/456015.

4. Thaler, R. H. (2009). "Do you need a nudge?" *Yale Insights,* insights.som.yale.edu/insights/do-you-need-nudge.

5. Battaglia-Mayer, A., and Caminiti, R. (2002). "Optic ataxia as a result of the breakdown of the global tuning fields of parietal neurons," *Brain* 125, 225–37.

6. Wood, W., and Ruenger, D. (2016). "Psychology of habits," *Annual Review of Psychology* 37, 289–314.

7. Clifford, S. (April 7, 2011). "Stuff piled in the aisle? It's there to get you to spend more," *The New York Times,* www.nytimes.com/2011/04/08/business/08clutter.html.

8. Cohen, D. A., Collins, R., Hunter, G., Ghosh-Dastidar, B., and Dubowitz, T. (2015). "Store impulse marketing strategies and body mass index," *American Journal of Public Health* 105, 1446–52.

9. *Federal Trade Commission Cigarette Report for 2017,* www.ftc.gov/system/files/documents/reports/federal-trade-commission-cigarette-report-2017-federal-trade-commission-smokeless-tobacco-report/ftc_cigarette_report_2017.pdf.

10. Nakamura, R., Pechey, R., Suhrcke, M., Jebb, S. A., and Marteau, T. M. (2014). "Sales impact of displaying alcoholic and non-alcoholic beverages in end-of-aisle locations: An observational study," *Social Science & Medicine* 108, 68–73.

11. Dunlop, S., et al. (2015). "Out of sight and out of mind? Evaluating the impact of point-of-sale tobacco display bans on smoking-related beliefs and behaviors in a sample of Australian adolescents and young adults," *Nicotine and Tobacco Research* 761–68.

12. Thorndike, A. N., Riis, J., Sonnenberg,L. M., and Levy, D. E. (2014). "Traffic-light labels and choice architecture: Promoting healthy food choices," *American Journal of Preventive Medicine* 46, 143–49.

13. Stone, M. (November 2, 2015). "Google's latest free lunch option is a fleet of 20 fancy food trucks—and the food looks incredible," *Business Insider,* www.businessinsider.com/googles-latest-free-lunch-option-is-a-fleet-of-20-fancy-food-trucks-and-the-food-looks-incredible-2015-10; Hartmans, A. (August 26, 2016). "21 photos of the most impressive free food at Google," *Business Insider,* www.businessinsider.com/photos-of-googles-free-food-2016-8.

14. Kang, C. (September 1, 2013). "Google crunches data on munching in office," *Washington Post,* www.washingtonpost.com/business/technology/google-crunches-data-on-munching-in-office/2013/09/01/3902b444-0e83-11e3-85b6-d27422650fd5_story.html. 如需進一步了解 Google 的健康推力，請見 abcnews.go.com/Health/google-diet-search-giant-overhauled-eating-options-nudge/story?id=18241908。

15. Davis, E. L., Wojtanowski, A. C., Weiss, S., Foster, G. D., Karpyn, A., and Glanz, K. (2016). "Employee and customer reactions to healthy instore marketing interventions in supermarkets, *Journal of Food Research* 5, 107–113.

16. Glanz, K., and Yaroch, A. L. (2004). "Strategies for increasing fruit and vegetable intake in grocery stores and communities: Policy, pricing, and environmental change," *Preventive Medicine* 39, 75–80.

17. Wakefield, M., Germain, D., and Henriksen, L. (2008). "The effect of retail cigarette pack displays on

impulse purchase," *Addiction* 103, 322– 28.

18. Wood, W., Tam, L., and Witt, M. G. (2005). "Changing circumstances, disrupting habits," *Journal of Personality and Social Psychology* 88, 918–33.

19. Mirenowicz, J., and Schultz, W. (1996). "Preferential activation of midbrain dopamine neurons by appetitive rather than aversive stimuli," *Nature* 379, 449–51.

20. Holland, R. W., Aarts, H., and Langendam, D. (2006). "Breaking and creating habits on the working floor: A field-experiment on the power of implementation intentions," *Journal of Experimental Social Psychology* 42, 776–83.

第6章

1. Baumeister, R. F., Campbell, J. D., Krueger, J. I., and Vohs, K. D. (2003). "Does high self-esteem cause better performance, interpersonal success, happiness, or healthier lifestyles?" *Psychological Science in the Public Interest* 4, 1–44.

2. Koo, M., and Fishbach, A. (2008). "Dynamics of self-regulation: How (un)accomplished goal actions affect motivation," *Journal of Personality and Social Psychology* 94, 183–95.

3. Wood, L. M., Parker, J. D., and Keefer, K. V. (2009). "Assessing emotional intelligence using the Emotional Quotient Inventory (EQ-i) and related instruments," in *Assessing Emotional Intelligence* (pp. 67–84). Boston: Springer. 如需進一步了解情緒智力，請見 Bradberry, T., and Greave, J. (2009). *Emotional Intelligence 2.0*. San Diego: TalentSmart; Salovey, P., and Mayer, J. D. (1990). "Emotional intelligence," *Imagination, Cognition, and Personality* 9, 185–211.

4. Wilderom, C. P. M., Hur, Y., Wiersma, U. J., Van Den Berg, P. T., and Lee, J. (2015). "From manager's emotional intelligence to objective store performance: Through store cohesiveness and sales-directed employee behavior," *Journal of Organizational Behavior,* onlinelibrary.wiley.com/doi/abs/10.1002/job.2006.

5. Shouhed, D., Beni, C., Manguso, N., IsHak, W. W., and Gewertz, B. L. (2019). "Association of emotional intelligence with malpractice claims: A review," *JAMA Surgery* 154 (3), 250–56.

6. Elfenbein. H. A., Foo, M. D., White, J., Tan, H. H., and Aik, V. C. (2007). "Reading your counterpart: The benefit of emotion recognition accuracy for effectiveness in negotiation," *Journal of Nonverbal Behavior* 31, 205–23.

7. Du, S., and Martinez, A. M. (2011). "The resolution of facial expressions of emotion," *Journal of Vision* 11, 1–13.

8. Ekman, P., and O'Sullivan, M. (1991). "Who can catch a liar?" *American Psychologist* 46, 913.

9. 如需進一步了解哪些肌肉可用來區分臉部表情，請見 Ekman, P., Friesen, W. V., and Hager, J. C. (2002). *Facial Action Coding System: The Manual* on CD-ROM. Salt Lake City: A Human Face.

10. Beck, J. (February 4, 2014). "New research says there are only four emotions," www.theatlantic.com/health/archive/2014/02/new-research-says-there-are-only-four-emotions/283560.

11. Brady, W. J., and Balcetis, E. (2015). "Accuracy and bias in emotion perception predict affective response to relationship conflict," in *Advances in Visual Perception Research* (pp. 29–43). Hauppauge, NY: Nova Science Publishers.

12. Gallo, C. (May 16, 2013). "How Warren Buffett and Joel Osteen conquered their terrifying fear of public speaking," *Forbes,* www.forbes.com/sites/carminegallo/2013/05/16/how-warren-buffett-and-joel-osteen-conquered-their-terrifying-fear-of-public-speaking/#667d5529704a.

13. Shasteen, J. R., Sasson, N. J., and Pinkham, A. E. (2014). "Eye tracking the face in the crowd task: Why are angry faces found more quickly?" *PLOS ONE* 9, 1–10.

14. Sanchez, A., and Vazquez, C. (2014). "Looking at the eyes of happiness: Positive emotions mediate the influence of life satisfaction on attention to happy faces," *Journal of Positive Psychology* 9, 435–48.

15. Waters, A. M., Pittaway, M., Mogg, K., Bradley, B. P., and Pine, D. S. (2013). "Attention training towards positive stimuli in clinically anxious children," *Developmental Cognitive Neuroscience* 4, 77–84.

16. Dandeneau, S., and Baker, J. (2007). "Cutting stress off at the pass: Reducing vigilance and responsiveness to social threat by manipulating attention," *Journal of Personality and Social Psychology* 93, 651–66.

17. Ibid.

18. Dweck, C. S. (2007). *Mindset: The New Psychology of Success.* New York: Ballantine Books.

19. Moser, J. S., Schroder, H. S., Heeter, C., Moran, T. P., and Lee, Y.-H. (2011). "Mind your errors: Evidence for a neural mechanism linking growth mind-set to adaptive posterror adjustments," *Psychological Science* 22, 1484–89.

20. Goodman, F. R., Kashdan, T. B., Mallard, T. T., and Schumann, M. (2014). "A brief mindfulness and yoga intervention with an entire NCAA Division I athletic team: An initial investigation," *Psychology* *of Consciousness: Theory, Research, and Practice* 1, 339–56.

21. Lieber, A., director (2018). *Bethany Hamilton: Unstoppable.* Entertainment Studios Motion Pictures.
22. Deci, E. L., Connell, J. P., and Ryan, R. M. (1989). "Self-determination in a work organization," *Journal of Applied Psychology* 74, 580–90.
23. Forest, J., Gilbert, M.-H., Beaulieu, G., Le Brock, P., and Gagne, M. (2014). "Translating research results in economic terms: An application of economic utility analysis using SDT-based interventions," in M. Gagne, ed., *The Oxford Handbook of Work Engagement, Motivation, and Self-Determination Theory,* 335–46. New York: Oxford University Press.

第7章

1. Hofmann, W., Baumeister, R. F., Förster, G., and Vohs, K. D. (2012). "Every day temptations: An experience sampling study of desire, conflict, and self-control," *Journal of Personality and Social Psychology* 102, 1318–35.
2. Baskin, E., Gorlin, M., Chance, Z., Novernsky, N., Dhar, R., Huskey, K., and Hatzis, M. (2016). "Proximity of snacks to beverages increases food consumption in the workplace: A field study," *Appetite* 103, 244–48.
3. Cole, S., Dominick. J. K., and Balcetis, E. (2019). "Out of reach and under control: Distancing as a self-control strategy," research presented at the Society for the Study of Motivation, 2015 Conference, New York.
4. 原研究地點是美國西電的電話製造廠「霍桑工廠」，鄰近芝加哥，期間為一九二四年至一九三三年。這類模式如今稱為「霍桑效應」。說明文字見此：Mayo, E. (1933), *The Human Problems of an Industrial Civilization.* New York: Macmillan; Roethlisberger, F. J., and Dickson, W. J. (1939). *Management and the Worker.* Cambridge, Mass: Harvard University Press; Gillespie, R. (1991). *Manufacturing Knowledge: A History of the Hawthorne Experiments.*Cambridge, Mass.: Harvard University Press.

5. Engelmann, J. M., and Rapp, D. J. (2018). "The influence of reputational concerns on children's prosociality," *Current Opinion on Psychology* 20, 92–95.

6. Carbon, C.-C. (2017). "Art perception in the museum: How we spend time and space in art exhibitions," *I-Perception* 8, 1–15.

7. Wiebenga, J., and Fennis, B. M. (2014). "The road traveled, the road ahead, or simply on the road? When progress framing affects motivation in goal pursuit," *Journal of Consumer Psychology* 24, 49–62.

8. Fishbach, A., and Myrseth, K.O.R. (2010). "The dieter's dilemma: identifying when and how to control consumption," in Dubé, L., ed., *Obesity Prevention: The Role of Society and Brain on Individual Behavior* (pp. 353–63). Boston: Elsevier.

9. Allen, S. (2001). "Stocks, bonds, bills and inflation and gold," InvestorsFriend, www.investorsfriend.com/asset-performance.

10. Benartzi, S., and Thaler, R. H. (1993). "Myopic loss aversion and the equity premium puzzle," National Bureau of Economic Research, dx.doi.org/10.3386/w4369.

11. Kirschenbaum, D. S., Malett, S. D., Humphrey, L. L., and Tomarken, A. J. (1982). "Specificity of planning and the maintenance of self-control: 1 Year follow-up of a study improvement program,

Behavior Therapy 13, 232–40.

12. Buehler, R., Griffin, D., and Ross, M. (1994). "Exploring the 'planning fallacy': Why people underestimate their task completion times," *Journal of Personality and Social Psychology* 67, 366–81.
13. Ferrara, E., and Yang, Z. (2015). "Quantifying the effect of sentiment on information diffusion in social media," *PeerJ Computer Science* 1, 1–15.
14. Rosenbaum, R. S., et al. (2005). "The case of K.C.: Contributions of a memory-impaired person to memory theory," *Neuropsychologia* 43, 989–1021.
15. Klein, S. B., Loftus, J. L., and Kihlstrom, J. F. (2002). "Memory and temporal experience: The effects of episodic memory loss on an amnesic patient's ability to remember the past and imagine the future," *Social Cognition* 20, 353–79; Tulving, E. (2005). "Episodic memory and autonoesis: Uniquely human?" in Terrace, H. S., and Metcalfe, J., eds., *The Missing Link in Cognition* (pp. 4–56). New York: Oxford University Press.

第8章

1. Wrosch, C., and Heckhausen, J. (1999). "Control processes before and after passing a developmental deadline: Activation and deactivation of intimate relationship goals," *Journal of Personality and Social Psychology* 77, 415–27.
2. Parlaplano, A. (June 2, 2009). "Calling it quits," *The New York Times,* archive.nytimes.com/www.nytimes.com/imagepages/2009/06/02/sports/03marathon.grafic.html.
3. Brandstätter, V., and Schüler, J. (2013). "Action crisis and cost-benefit thinking: A cognitive analysis of a

goal-disengagement phase," *Journal of Experimental Social Psychology* 49, 543–53.

4. Wrosch, C., Miller, G. E., Scheier, M. F., and de Pontet, S. B. (2007). "Giving up on unattainable goals: Benefits for health?" *Personality and Social Psychology Bulletin* 33, 251–65.

5. Camerer, C., Babcock, L., Loewenstein, G., and Thaler, R. (1997). "Labor supply of New York City cabdrivers: One day at a time," *Quarterly Journal of Economics* 407–41.

6. Packer, D. J., Fujita, K., and Chasteen, A. L. (2014). "The motivational dynamics of dissent decisions: A goalconflict approach," *Social Psychological and Personality Science* 5, 27–34.

7. Association of American Medical Colleges (November 9, 2018). "MCAT and GPAs for applicants and matriculants to U.S. medical schools by primary undergraduate major, 2018–2019," www.aamc.org/download/321496/data/factstablea17.pdf.

第9章

1. Dabbish, L. A., Mark, G., and Gonzalez, V. M. (2011). "Why do I keep interrupting myself? Environment, habit and self-interruption," in *Proceedings of the International Conference on Human Factors in Computing Systems, CHI,* 3127–30.

2. Ward, A., and Mann, T. (2000). "Don't mind if I do: Disinhibited eating under cognitive load," *Journal of Personality and Social Psychology* 78, 753–63.

3. Wang, Z., and Tchernev, J. M. (2012). "The 'myth' of media multitasking: Reciprocal dynamics of media multitasking, personal needs, and gratifications," *Journal of Communication* 62, 493–513.

4. De Havia, M. D., Izard, V., Coubart, A., Spelke, E. S., and Streri, A. (2014). "Representations of space,

time and number in neonates," *Proceedings of the National Academy of Sciences* 111, 4809–13.

5. Leroux, G., et al. (2009). "Adult brains don't fully overcome biases that lead to incorrect performance during cognitive development: An f MRI study in young adults completing a Piaget-like task," *Developmental Science* 12, 326–38.

6. Poirel, N., Borst, G., Simon, G., Rossi, S., Cassotti, M., Pineau, A., and Houdé, O. (2012). "Number conservation is related to children's prefrontal inhibitory control: An f MRI study of Piagetian task" *PLOS ONE* 7, 1–7.

7. Meier, S., and Sprenger, C. (2010). "Present-biased preferences and credit card borrowing," *American Economic Journal: Applied Economics* 2, 193– 210.

8. Herschfield, H., and Roese, N. (2014). "Dual payoff scenario warnings on credit card statements elicit suboptimal payoff decisions," available at SSRN: papers.ssrn.com/sol3/papers.cfm?abstract_id=2460986.

9. KC, D. S. (2013). "Does multitasking improve performance? Evidence from the emergency department," *Manufacturing and Service Operations Management* 16, 167–327.

10. Naito, E., and Hirose, S. (2014). "Efficient foot motor control by Neymar's brain," *Frontiers in Human Neuroscience* 8, 1–7.

11. BBC Sport (August 29, 2017). "Footballers' wages: How long would it take you to earn a star player's salary?" www.bbc.com/sport/41037621.

12. Jäncke, L., Shah, N. J., and Peters, M. (2000). "Cortical activations in primary and secondary motor

areas for complex bimanual movements in professional pianists," *Cognitive Brain Research* 10, 177–83.
13. Bernardi, G., et al. (2013). "How skill expertise shapes the brain functional architecture: An f MRI study of visuo-spatial and motor processing in professional racing-car and naïve drivers," *PLOS ONE* 8, 1–11.
14. Del Percio, C., et al. (2009). "Visuoattentional and sensorimotor alpha rhythms are related to visuomotor performance in athletes," *Human Brain Mapping* 30, 3527–40.
15. Milton, J., Solodkin, A., Hluštik, P., and Small, S. L. (2007). "The mind of expert motor performance is cool and focused," *NeuroImage* 35, 804–13.
16. Petrini, K., et al. (2011). "Action expertise reduces brain activity for audiovisual matching actions: An f MRI study with expert drummers," *NeuroImage* 56, 1480–92.

第10章

1. Feys, M., and Anseel, F. (2015). "When idols look into the future: Fair treatment modulates the affective forecasting error in talent show candidates," *British Journal of Social Psychology* 54, 19–36.
2. Kopp, L., Atance, C. M., and Pearce, S. (2017). " 'Things aren't so bad!': Preschoolers overpredict the emotional intensity of negative outcomes," *British Journal of Developmental Psychology* 35, 623–27.
3. Balcetis, E., and Dunning, D. (2007). "A mile in moccasins: How situational experience diminishes dispositionism in social inference," *Personality and Social Psychology Bulletin* 34, 102–14.
4. Gilbert, D. (2007). *Stumbling on Happiness.* New York: Vintage Books.

翻轉學 翻轉學系列 083

決勝視角

紐約大學心理學家教你站在贏家角度，既能善用盲點，
也能精準決策，達標事半功倍

Clearer, Closer, Better: How Successful People See the World

作　　　　者　艾蜜莉．芭絲苔（Emily Balcetis）
譯　　　　者　姚怡平
封 面 設 計　張天薪
內 文 排 版　黃雅芬
責 任 編 輯　黃韻璇
行 銷 企 劃　陳豫萱．陳可錞
出版二部總編輯　林俊安

出　版　者　采實文化事業股份有限公司
業 務 發 行　張世明．林踏欣．林坤蓉．王貞玉
國 際 版 權　林冠妤．鄒欣穎
印 務 採 購　曾玉霞
會 計 行 政　王雅蕙．李韶婉．簡佩鈺
法 律 顧 問　第一國際法律事務所　余淑杏律師
電 子 信 箱　acme@acmebook.com.tw
采 實 官 網　www.acmebook.com.tw
采 實 臉 書　www.facebook.com/acmebook01

I S B N　978-986-507-775-4
定　　　價　450 元
初 版 一 刷　2022 年 5 月
劃 撥 帳 號　50148859
劃 撥 戶 名　采實文化事業股份有限公司
104 台北市中山區南京東路二段 95 號 9 樓
電話：(02)2511-9798　傳真：(02)2571-3298

國家圖書館出版品預行編目資料

決勝視角：紐約大學心理學家教你站在贏家角度，既能善用盲點，也能精準決策，達標事半功倍 / 艾蜜莉．芭絲苔 (Emily Balcetis) 著；姚怡平譯. -- 初版. -- 台北市：采實文化, 2022.05
352 面；14.8×21 公分. --（翻轉學系列；83）
譯自：Clearer, closer, better : how successful people see the world.
ISBN 978-986-507-775-4（平裝）
1.CST: 成功法 2.CST: 目標管理
177.2　　111002843

翻轉學

翻轉學